I0218650

Grundlagen der Medienkommunikation   Band 13

Herausgegeben von Erich Straßner

Erich Straßner

Text-Bild-Kommunikation · Bild-Text-Kommunikation

Niemeyer

Die Deutsche Bibliothek – CIP-Einheitsaufnahme

Straßner, Erich:
Text-Bild-Kommunikation – Bild-Text-Kommunikation / Erich Straßner. –
Tübingen: Niemeyer, 2002
 (Grundlagen der Medienkommunikation ; Bd. 13)

ISBN 3-484-37113-7   ISSN 1434-0461

© Max Niemeyer Verlag GmbH, Tübingen 2002
Das Werk einschließlich aller seiner Teile ist urheberrechtlich geschützt. Jede Verwertung außerhalb der engen Grenzen des Urheberrechtsgesetzes ist ohne Zustimmung des Verlages unzulässig und strafbar. Das gilt insbesondere für Vervielfältigungen, Übersetzungen, Mikroverfilmungen und die Einspeicherung und Verarbeitung in elektronischen Systemen.
Printed in Germany.
Satz: Anne Schweinlin, Tübingen
Druck: Gulde-Druck GmbH, Tübingen
Einband: Nädele Verlags- und Industriebuchbinderei, Nehren

Inhaltsverzeichnis

1. Mediale Kommunikation 1
2. Voraussetzungen 3
   2.1. Fotografie 3
   2.2. Film 6
   2.3. Fernsehen 7
   2.4. Video 10
   2.5. Dezentrale Netze 11
3. Bild-Theorien – Text-Theorien – Bild-Text-Theorien 13
   3.1. Bilder 13
   3.2. Texte 17
   3.3. Bild-Text-Kombinationen 19
4. Die Text-Bild-Medien 22
   4.1. Zeitung 22
   4.2. Zeitschrift 27
   4.3. Buch 35
   4.4. Plakat – Anzeige 41
   4.5. Comics und andere Heftchen 53
5. Die Bild-Text-Medien 60
   5.1. Film 60
   5.2. Fernsehen 76
   5.3. Videoclip 87
   5.4. Internet 90
6. Sprache und Kunst 94
7. Literatur 96

1. Mediale Kommunikation

Die mediale Kommunikation wird heute, im sogenannten ‚Optischen Zeitalter', nach der ‚visuellen Zeitenwende' bzw. im Zeichen der ‚Bilderflut', beherrscht von den Text-Bild- bzw. Bild-Text-Medien. Sie haben sich seit der Wende vom 19. zum 20. Jahrhundert überall durchgesetzt (‚pictorial turn') und meist eine Leitfunktion übernommen. In ihnen wird zum Teil versucht, neben dem Text eine ‚Bildsprache' einzusetzen, die als ‚visual esperanto' oder als Anhäufungen von ‚Visiotypen', d.h. Stereotypen auf der Bildebene (Pörksen 1997) Allgemeinverständlichkeit zu garantieren scheint. Schon 1931 heißt es in einem im Boulevardblatt *Paris Soir* veröffentlichten Leitartikel: „Das Bild ist unserer Zeit König". Wir geben uns nicht mehr damit zufrieden zu wissen, wir wollen auch sehen. Wo Inhalte sprachlich nicht befriedigend transportiert werden können, oder wo geglaubt wird, daß sie nicht ankommen, wird versucht, sie durch Bilder oder Bildfolgen transparent zu machen. Es wird dann visualisiert. Das bedeutet den Übergang von einer weitestgehend schriftorientierten Kultur zu einer Kultur der Bild- bzw. Telepräsenz und der audiovisuellen Diskurse. Sprachliche und visuelle Texte durchdringen sich unter der Voraussetzung, daß man Realität besser in Bildern verdichten kann als in Worten. Medien durchdringen sich auch gegenseitig oder ergänzen sich. Aus einem Roman entsteht ein Film oder ein Fernsehspiel. Eine Fernsehserie erscheint als Buch, reich bebildert aus der Vorlage. Medienprodukte wie Plakate, Zeitungen und Zeitschriften, bebilderte Bücher oder Bildbände, Bildergeschichten, Collagen, Filme, Fernsehbeiträge etc. sind als Text-Bild- bzw. Bild-Text-Formen kennzeichnend für die Kultur der vergangenen Jahrzehnte. Mit ihr verbunden sind Charakteristika wie Simulation, Interface, Immaterialität, Simultaneität, Flüchtigkeit, Beschleunigung, Steigerung der Komplexität, Auflösung der räumlichen und zeitlichen Dimensionen, Auflösung der Einheit und Kontinuität des normalen Wahrnehmungsraumes, zuletzt des Leseverlustes, dann des Sprachverlustes oder gar der Sprachlosigkeit. Bei deutschen Kindern stieg in neuester Zeit die Zahl der Sprachentwicklungsstörungen um etwa 600 Prozent. Etwa 33 Prozent der Achtklässler an Hauptschulen halten sich selbst nur für eingeschränkt lese- und schreibfähig; 14 Prozent der erwachsenen Deutschen sind kaum, weitere 34 Prozent nur mäßig in der Lage, den Inhalt von Texten zu verstehen. Und schließlich gibt es bei uns mehr als drei Millionen Analphabeten. Gefördert und gefordert wird immer ausschließlicher die Dominanz des Bildes, wobei die Regel gilt, daß der Bildanteil und die Bildintensität desto höher sind, je jünger das Medium. Gefordert werden aber auch eine Wissenschaftsdisziplin der ‚imagin science' oder ‚Visualistik' bzw. eine ‚Visual Education' und ‚Visual Literacy' als pädagogisch-didaktische Disziplinen (Wiese 1978).

Einer Begründung bedarf der völlige Verzicht auf Bildbeigaben im Rahmen dieser Publikation. Es mag auf den ersten Blick paradox erscheinen, ständig von Bildern und ihren Beziehungen zu Texten zu handeln, ohne solche Zusammenhänge auch visuell aufzuzeigen. Der Entschluß, auf Abbildungen zu verzichten, fiel nicht leicht. Es hätte aber einer zu großen Zahl von Illustrationen bedurft, um Einzelheiten wie die Reichweite des Dargestellten zu visualisieren. Umfang wie Kosten hätten den Rahmen gesprengt, den die Reihe *Grundlagen der Medienkommunikation* vorgibt.

2. Voraussetzungen

2.1. Fotografie

Die Erfindung der Fotografie seit 1826 erfolgte zu einer Zeit, in der die in der Renaissance einsetzenden Bemühungen, Erkenntnisse nicht durch Spekulation, sondern durch Naturbeobachtung und Experiment zu gewinnen, in Gestalt des Positivismus ihren Höhepunkt erreichten. Wie das Mikroskop die unsichtbare Welt und das Teleskop die der Ferne erschlossen, so konnte die Fotografie neben der zugänglichen die unzugängliche und bewegte Natur der Beobachtung öffnen. Sie änderte den menschlichen Blick auf die Realität, zugleich auch die Auffassung von Authentizität in der medialen Berichterstattung. Darüber hinaus diente sie der Dokumentation, der Vervielfältigung, der Veranschaulichung und der Verbreitung von Wissen.

Als Abbildungen des Menschen technisch möglich wurden, mußte man betroffen feststellen, daß Aufnahmen zwar exakt waren, den Abgebildeten aber unähnlich und untypisch zeigten. Deshalb begann man sich mit der Kunsttheorie auseinanderzusetzen und sich deren Gestaltungsmitteln zu bedienen. Fotografen übernahmen Aufgaben der Maler, indem sie Portraits erstellten und dabei auf Komposition, Pose, Kleidung und Belichtung achteten.

Schon 1922 befand aber Walter Lippmann: „Photographien haben heute eine Autorität über die Vorstellungskraft gewonnen, die das gedruckte Wort gestern hatte und das gesprochene Wort davor" (Lippmann 1922, 92).

Unter dem Einfluß der Kunstrichtung der Neuen Sachlichkeit entsteht Ende der Zwanziger Jahre ein Programm, nach dem die sichtbare Welt mit den Mitteln der Fotografie so abzubilden sei, daß ein ästhetisch reizvolles Bild entsteht, durch das zugleich ein erhellendes Licht auf den dargestellten Gegenstand fällt. Mit Hilfe der Fotografie, die dem Moment Dauer verleiht, sollten Welt und Menschen besser beobachtet und verstanden werden. Die neusachliche Fotografie drang vor allem in sich stark entwickelnde Bereiche des modernen Lebens vor, in die Werbung und in die Massenmedien.

Dabei kam beiden die Nachrichtentechnik entgegen, die kostengünstige Sendenetze ermöglichte. Weltweit organisierten sich nach 1945 große Agenturen, die neben Nachrichtentexten auch Fotos anboten. Diese waren teuer. Als 1947 der Fotograf Robert Capa von der Fotoagentur Magnum für eine Fotoreportage aus der Sowjetunion für das amerikanische *Ladies´ Home Journal* 20 000 Dollar erhielt, bekam der ihn begleitende und den Text liefernde John Steinbeck nur 3000 Dollar. Die bildjournalistischen Möglichkeiten wurden erweitert durch verbesserte Schwarz-Weiß- und Farbfilme, Kameras und Elektronenblitzgeräte.

Schließlich erbrachte eine ständig verbesserte Drucktechnik Möglichkeiten, die Bildreproduktion zu optimieren. Der ein Jahrhundert lang für die Zeitung maßgebliche Hochdruck wurde weitgehend durch den Offsetdruck ersetzt, der eine wesentlich feinere Bildrasterung bei hohen Druckgeschwindigkeiten zuläßt. Zudem sind die Ergebnisse bei schlechterer Papierqualität besser als beim Hochdruck, insbesondere auch beim Farbdruck. Seit der Fotosatz in die Verlage einzog, werden die Rasternegative zusammen mit einem Blatt Positivmaterial durch ein Entwicklungsgerät geschickt. Dabei entsteht ein gerastertes Positiv, das gemeinsam mit den Textfahnen auf die Seite geklebt wird. Von der montierten Seite werden Seitennegativ und Druckform gewonnen.

Zunehmend löst die Elektronik die fotomechanische Reproduktion von Bildern ab. Scanner, die alle Reproarbeiten minutenschnell gleichzeitig ausführen, ersetzen die Reprokamera. Sie tasten auch farbige Vorlagen elektronisch ab und geben sie in gerasterter Form wieder aus. Elektronische Montagesysteme sorgen für die Integration des Bildes in den Text (electronic imaging).

Mit der Digitalisierung ist es heute aber möglich, Bilder im Computer zu generieren, die mit der Realität wenig bis nichts mehr zu tun haben. Millionen digitalisierter Motive lagern in Datenbanken der Fotoagenturen und Verlage, denn es ist preisgünstiger, Archivfotos statt neuer Bilder zu veröffentlichen, weil es Material- und Laborkosten spart. Zum anderen sind vorhandene Realbilder beliebig veränderbar. Damit öffnen sich für Fälschungen und Täuschungen jegliche Möglichkeiten. Schließlich lassen sich Bilder unterschiedlichster Herkunft im Computer mischen. Während solche Neuschöpfungen in den Informationsmedien nichts zu suchen haben, sind sie in der Werbung wie in der virtuellen Kunst legitim.

Datenträger für digitale Kameras sind Smart-Media-Karten, Memory-Sticks oder Compact-Flashs, die alle eine geringe Speicherkapazität haben. Eine höhere Leistung erzielen CD-Roms, auf die 160 Aufnahmen passen mit einer Auflösung von knapp zwei Millionen Pixel. Nachdem die Bilder in unterschiedlichen Formaten wie ‚jpegg', ‚tift' oder ‚vga' auf die CD geschrieben werden, können sie auf dem Heim-PC gelesen werden.

Zur Bildübertragung, auch der Film- und Fernsehbeiträge, dienen heute die FAX- und Internet-Technik sowie der Satellitenfunk. Die Digitalisierung ermöglicht die Kompression der Daten. Agenturen haben auf den Satelliten eigene Transponder, die für die Übertragung zu jeder gewünschten Zeit sorgen. Die Abnehmer sind mit einem Dekoder zur Entschlüsselung der digitalen Signale ausgestattet und zeichnen die Beiträge auf. Bei elektronischen Kameras lassen sich aktuelle Reportagefotos aus der Kamera per Modem oder als E-Mail direkt in die Redaktion übertragen.

Für die Nutzer von Fotografien gilt, daß die fixierten Phänomene in ihren Besitz übergehen. Um diese aber zu verstehen, müssen sie die Bilder in einen Kontext stellen, der die Interpretationsleistung, die Leseleistung steuert. Bei Bildern aus der privaten Umgebung bedarf es dabei nur geringer Abstraktionsleistungen. Die Kamera selegiert bzw. verstärkt hier Erinnerungen. Bei fremden veröffentlichten Fotos ist die Wahrnehmung eine andere. Sie scheint der Erinnerung eines Unbekannten entsprungen zu sein. Das Bild diktiert dem Nutzer das Tempo des Betrachtens, führt dessen Blick durch die Kamerabewegung oder durch die Bewegung des Dargestellten, steuert die subjektive Auswertung des dargebotenen optischen Materials. Der Interpretationskontext muß identisch sein mit dem Zeitpunkt der Aufnahme, er muß den Raum wiederherstellen, aus dem das Bild nur einen Ausschnitt zeigen kann. Allerdings können sich Bildbetrachter in verblüffend kurzer Zeit eine facettenreiche Vorstellung dazu machen, in die Interpretationskategorien wie sympathisch, gefühlsbetont, autoritär, langweilig, hinterhältig oder intelligent bei Personen eingehen. Man kann abschätzen, ob man den oder die Dargestellten als Partner, Bekannten, Kollegen, Vorgesetzten aussuchen würde. Es dauert nur etwa eine Viertelsekunde, bis man ein dezidiertes Vorurteil gefaßt hat. Auch wenn ein Foto länger betrachtet wird, ändert sich dieses Vorurteil kaum. Die potentielle Vieldeutigkeit von Fotos wird eingeengt durch begleitende Texte, etwa Bildunterschriften, oder dadurch, daß der Betrachter etwas von sich in das Bild projiziert und ihm so einen Sinn gibt, die Vieldeutigkeit also reduziert. Anders als bei bebilderten Flugschriften, vor allem solchen des 15. und 16. Jahrhunderts, ist das Bild keine Illustration des Textes mehr, sondern benötigt einen Text, um verstanden zu werden.

Bestimmte Bilder, etwa solche von ölverklebten Wasservögeln nach einem Tankerunfall, werden bei der Rezeption mit Emotionen gekoppelt. Solche Bilder erschüttern stärker als die Schilderung des Vorfalls. Die Wirkung kann lange anhalten und immer wieder aktiviert werden, etwa in der Werbung (z. B. Benetton).

Große künstlerische und kreative Potenziale liegen in der computergenerierten oder -manipulierten Fotografie, die eigentlich Malerei mit neuen Mitteln, autonome Bildererzeugung ist. In ihr könnten sich beispielhaft alle Gesetze und Grammatiken der Bilderzeugung fokussieren. Innerhalb der zu erwartenden Unmenge an transitorischen und multiplizierbaren Bildern wird sie ihre Bedeutung gewinnen; durch neue Zugriffe und Ikonografien, und vor allem durch ihre Authentizität.

2.2. Film

Indem er Bewegung und damit auch zeitlich Dauer fixiert, übertrifft der Film den dokumentarischen Charakter der Fotografie, macht die ‚Kultur der beweglichen Bilder' möglich. Er macht Körper in der Bewegung speicherbar und stellt so die zeitliche Entfaltung der Realität dar. Der Film ermöglicht es dem Zuschauer, gleichzeitig an mehreren Plätzen zu sein. Er diktiert ihm das Tempo des Betrachtens, führt den Blick durch die Kamerabewegung oder durch die Bewegung des Dargestellten, steuert die subjektive Auswertung des dargebotenen optischen Materials. Abgesehen vom Dokumentarfilm besteht das Wesen des Films nicht im Versuch einer einfachen Wiedergabe von Wirklichkeit, sondern in der artifiziellen Synthese von Bildern. Montage, Schnitt und Licht charakterisieren ihn und können ihn zu einem Werk der Kunst machen. Der Film bildet ‚Wirklichkeit' nicht einfach ab, sondern verweist auf mögliche und unter Umständen ‚neue' Wirklichkeiten. Er macht Phantasien, Gefühle und Träume der Menschen sichtbar.
Nach Pasolini

> ist die visuelle Kommunikation der Filmsprache ganz roh, ja fast animalisch. Mimik und nackte Realität, ebenso wie Träume und der Mechanismus der Erinnerung, sind fast vormenschliche Fakten oder stehen doch an der Grenze des Menschlichen. Zumindest sind sie vorgrammatikalisch, ja vormorphologisch (Pasolini 1971, 39).

Das wendet sich gegen eine ‚grammar of film' (Spottiswoode 1950) analog einer Grammatik der Sprache. Es gibt keine Konventionen, die sich zu einem geschlossenen System abstrakter Regeln der Bilder und Bildfolgen zusammenfassen ließen. Aber Menschen tragen Bilder in sich, erinnern sich in Bildern, träumen in ihnen. Dabei ist die Anzahl möglicher Bilder und ihrer Kombination grenzenlos. Jeder Regisseur und jeder Kameramann wird für gleiche Stoffe unterschiedliche Bilder und Bildfolgen finden.

Die ersten brauchbaren Film-Aufnahme- und -Wiedergabe-Apparate entstanden kurz vor der Jahrhundertwende. 1885 führten die Brüder Lumiere die ersten Filme den Besuchern des Grand Café in Paris vor, die sie als ‚lebende Fotografien' ankündigten. Es dauerte bis in die zwanziger Jahre, bis mit dem Triergon-Verfahren bei Einsatz von Elektronenröhren, elektrostatischen Lautsprechern und fotoelektrischen Zellen der moderne Tonfilm möglich wurde, der die gesprochene Sprache ins Medium brachte. 1922 schrieb Walter Lippmann über die bewegten Bilder:

> Sie sind die müheloseste geistige Speise, die man sich vorstellen kann. Jede Beschreibung in Worten, ja sogar jedes unbewegte Bild verlangt eine Anstrengung unseres Gedächtnisses, bevor ein Abbild in unserem Kopf entsteht. Aber auf der Leinwand wird der ganze Vorgang des Betrachtens, Beschreibens, Berichtens und schließlich des

Vorstellens für uns erledigt. Ohne mehr Mühe aufwenden zu müssen, als nötig ist, um wach zu bleiben, wird einem das Ergebnis, das die Vorstellungskraft immer erst herzustellen bemüht ist, auf der Leinwand abgespult (Lippmann 1922, 92).

Auslösend für die Gefühle des Filmbetrachters ist das Licht. Es muß sich ihm mit emotioneller Kraft mitteilen. Es ist außerdem der Faktor, der Schauspieler zu Heldinnen und Helden, zu Göttinnen und Göttern macht. Das Bild entsteht bei der Aufnahme durch das Licht. Dieses macht den Film erst sicht- und erlebbar, wenn es ihn im Projektor durchflutet.

1929 kam der erste Tonfilm in Deutschland und Österreich ins Kino. 1941 folgte der erste Farbspielfilm. Die Konkurrenz des Fernsehens führte ab 1958 zu einem drastischen Rückgang der Kinogängerzahlen. Erst seit den neunziger Jahren eroberten Multiplex-Säle Zuschauer zurück.

Die Digitalisierung erlaubt es heute, Filme ohne entsprechende Wirklichkeit zu generieren bzw. Realbilder beliebig zu verändern. Filmdokumente können in fiktive Filme integriert werden, wie etwa im Film *Forrest Gump*, in dem der längst verstorbene amerikanische Präsident Kennedy dem Darsteller des Helden bei einem Empfang begegnet und mit ihm einen Händedruck tauscht. Was als Spezialeffekt begann, ist inzwischen reguläres Produktionsmittel geworden. Inzwischen werden en masse laufende Bilder in fotorealistischer Qualität fabriziert, die auf kein materielles Gegenstück mehr verweisen. Der kategoriale Sprung der Filmkunst von einer analog-abbildenden zu einer digital-bildenden Kunst ist damit vollzogen. Der Film muß nicht mehr Inszenierungen reproduzieren. Er kann per Montage, Animation und kompletter Simulation synthetische Realitäten erzeugen.

Der Film trifft beim Zuschauer auf eine bestimmte Form der Illusionsbereitschaft. Dieser wird von einem ‚Wirklichkeitseindruck' gefangen genommen. Durch die Bewegung der Kamera und durch den Schnitt erzeugt der Film einen Eindruck ‚existentieller Gegenwärtigkeit'. Im dunklen Kino-Raum werden die in unserer Kultur dominierenden Sinneswahrnehmungen des Sehens und Zuhörens intensiviert. Wir erleben das Geschehen auf der Leinwand mit, können uns mit den agierenden Personen identifizieren.

2.3. Fernsehen

Das Fernsehen ist eine Weiterentwicklung des Rundfunks, ersetzt diesen aber nicht wie etwa der Tonfilm den Stummfilm. Es ist ein ‚visuelles Radio'. 1923/24 steht der erste brauchbare elektronische Bildabtaster, die Ikonoskop-Röhre, zur Verfügung, der seit 1934 serienmäßig hergestellt wird. Zur Verbreitung dient der Fernsehapparat, dessen Bildschirm ein selbstleuchtender Körper ist. Das übertragene Bild ist deshalb luminiszent, bedarf nicht wie der Film des Fremdlichts. Fernsehen und vor allem die digitale Bildgestaltung lösen sich vom Umgang mit natürlichem Licht, von dem die traditionellen fotografischen Techniken des Films bestimmt waren. 1935 wurde in Berlin ein auf 180-Zeilen-Bilder ausgereifter ‚Fernseh-Versuchsbetrieb' eröffnet. Ein ab 1936 ausgestrahltes Programm mit der Übertragung der XI. Olympischen Spiele blieb ein publizistischer Torso, ein Medium ohne Publikum. Erst 1952 begann nach zweijähriger Erprobung das Fernsehprogramm der Nachkriegszeit, nun mit der Europa-Norm von 625 Zeilen.

Mehr noch als der Film ist das Fernsehen darauf aus, den Zuschauern einen ‚Wirklichkeitseindruck' zu vermitteln. Es will das aktuellste, wichtigste, universellste Informationsmedium sein. In den fünfziger Jahren wurde es den Nutzern als ‚ihr Fenster zur Welt' angepriesen. Es ist aber eher ein Fenster zu unserer Alltagskultur, außerdem eine Traumfabrik, gespeist von den Träumen und Ängsten der Menschen. Zusätzlich zur Sprache, zu Texten, vermittelt das Fernsehen das nonverbale Verhalten der Agierenden. Das soziale Bedeutungssystem der Körperhaltungen erleichtert es dem Zuschauer, sich von der ‚Wirklichkeit des Dargestellten' überzeugen zu lassen.

Während die Kinoleinwand konzentriertes Zusehen erfordert und den Zuschauer intensiv in das Geschehen einbezieht, verlockt das Fernsehen eher zu einer flüchtigen Konsumweise. Man kann nebenher lesen oder sich mit anderen Dingen beschäftigen. Fernsehen wird eher als Unterhaltung konsumiert, auch wenn es von seiner sozialen Verwendung her als Informations- und Dokumentationsmedium angelegt ist. Der Ablauf eines Programmes und sein Konsum über lange zeitliche Distanzen hinweg läßt den Einzelbeitrag unbedeutend werden. Er geht auf in der Fülle und der Heterogenität der Programmformate. Dabei entwickelten sich zunehmend die echten Informationsprogrammformate, wie etwa die Nachrichtensendungen, immer stärker aus den Konventionen der Unterhaltungssendungen. Die ‚Boulevardisierung' der Fernsehnachrichten wurde vor allem durch die Etablierung kommerzieller Sender gefördert. Sendbar ist heute ausschließlich das, wofür Bilder vorliegen. Damit man solche bekommt, muß man oft Ereignisse inszenieren. So wird etwa in Pressekonferenzen die Politik als Spektakel für die Zuschauer aufbereitet. TV-Wirklichkeit ist oft konstruiert, ist künstlich, suggeriert aber vor allem bei naiven Zuschauern eben ‚Wirklichkeit'. Routinierte Seher dagegen haben längst auf eine ‚technisierte' Wirklichkeitswahrnehmung umgeschaltet.

Geliefert werden die Bilder von ausgesendeten Teams, wenn Ereignisse terminlich bekannt sind, sonst von den Teams der im In- und Ausland stationierten Korrespondenten, von den spezialen Bild- und Bild-Text-Agenturen (Wilke 1998).

Das Fernsehen hat den Film immer mehr zurückgedrängt. Wie das Auto wurde der Fernsehapparat zum begehrten Konsumgut. Durch den Ankauf von Spielfilmen oder durch Ko-Produktionen ist das Fernsehen zu einer Art Mäzen

Fernsehen 9

der Filmindustrie geworden. Der Konsum von Filmen in der Privatsphäre bettet diese ein in den Programmablauf, macht sie zu einem Programmpunkt unter vielen anderen. Im Nebeneinander von Informationssendungen, Filmen und aus dem Hörfunk übernommenen Unterhaltungselementen wie Shows, Hitparaden, Quiz-Sendungen etc. verlieren die Einzelelemente des Programms ihre Besonderheit. Alles gerät zu einem Konsumbrei.

Das Fernsehen ist zum wichtigsten Medium das Allerweltskultur geworden. Seine primäre Eigenschaft besteht darin, die Komplexität sozialer Erfahrungen zu reduzieren, indem es die Welt als überschaubar und ‚einsehbar' präsentiert. Da die moderne Gesellschaft in verschiedene ungleichartige Teilsysteme wie Wirtschaft, Wissenschaft, Familie etc., die alle einer eigenen Logik folgen, differenziert ist, ist die Erfahrung der sozialen Totalität für den einzelnen nicht mehr möglich. Im Fernsehen wird so getan, als sei dies möglich (Winter/Eckert 1990, 92).

Die Aufhebung des öffentlich-rechtlichen Fernsehmonopols 1984 eröffnete die Möglichkeit zur Gründung kommerzieller Sender. Sie sollten nach der Vorstellung der frisch installierten konservativ-liberalen Regierung das Fernsehsystem pluralisieren. Die neuen Sender übernahmen aber vor allem in der Anfangszeit die von den öffentlich-rechtlichen Anstalten ignorierten Themen- und Stoffbereiche: Alles Triviale von Herz und Schmerz, Sex und Crime, Boulevard und Astrologie. In den neunziger Jahren näherten sich die Programme der konkurrierenden Sender zunehmend. Vor allem imitieren die öffentlich-rechtlichen Programmacher die Programmteile, die bei den kommerziellen erfolgreich sind: Serien, vor allem im Vorabendbereich, und Unterhaltungsshows.

Beschleunigt haben sich in allen Programmbereichen die Bildschnittwechsel. Die seit Mitte der siebziger Jahre eingesetzte Fernbedienung ermöglicht es dem Zuschauer, sich durch das Programm zu zappen. Um Entscheidungsproblemen in der Fernsehfamilie auszuweichen, wurden Zweit- und Drittgeräte angeschafft. Damit wurde vor allem für Kinder die Möglichkeit geschaffen, in einer Bildschirmwelt aufzuwachsen. Neuere technische Entwicklungen wie der Flüssigkristallbildschirm, das hochauflösende Fernsehen und der Dolby-Surround-Sound aus fünf Lautsprecherboxen bieten eine Bild- und Tonqualität, die dem Kino nahekommt.

Aktuell erweitert sich das Fernsehen über die Pay-Programme zum Pay-per-view in Konkurrenz zum Internet. Angekündigt ist die Vernetzung von Computern und Fernsehen.

2.4. Video

Video ist eine Art ‚optisches Tonband'. Der Videorecorder speichert den Bewegungsfluß von Fernsehsignalen, macht ihn beliebig wiederhol- und damit in seiner Zeitstruktur veränderbar. Video dient ursprünglich der Dokumentation von und der Information über Wirklichkeiten. Durch Zeitraffer, Standbild und Zeitlupe ist der Zuseher befreit, der Linearität des Bildablaufs zu folgen, was es ihm ermöglicht, deren Künstlichkeit zu erkennen. Videorecorder wurden in den fünfziger Jahren eingesetzt in Fernsehstudios zur Programmdistribution. Seit Mitte der sechziger Jahre ist die Kommunikationstechnologie individuell verfügbar. Ab 1977 trat sie ihren Siegeszug auf dem Gebiet der Unterhaltungselektronik in Deutschland an.

Die Nutzung der Videorecorder erweiterte und transformierte den Medienalltag. Mit ihm können Filme oder Fernsehprogrammteile aufgezeichnet oder gesammelt werden. Die neuen digitalen Videorecorder können das Fernsehverhalten ihrer Nutzer analysieren und daran ausgerichtet und quasi eigenverantwortlich potentiell interessante Sendungen auf Vorrat aufzeichnen. Während der Aufzeichnung kann auch wiedergegeben werden und umgekehrt. Oder es können zwei Programme gleichzeitig gespeichert werden. Werbeblöcke können übersprungen, d.h. ausgeblendet werden. Auch eigene Videofilme sind produzierbar. Video erlaubt in Verbindung mit dem Fernsehgerät eine individuelle Programmgestaltung oder ein Entrinnen vor den Werbeunterbrechungen im Fernsehprogramm. Im Freizeitbereich ist Video ein Konkurrent zu den Kinos, aber auch zur Lektüre.

Während bei Erwachsenen das Aufzeichnen und Abspeichern von Fernsehsendungen bei der Videonutzung überwiegt, bevorzugen Jugendliche und Kinder das Angebot der Videoläden und Videotheken. Über den Videomarkt sind den Konsumenten auch Aufzeichnungen verfügbar, die sonst der Zensur unterliegen, etwa pornografische oder Gewaltstreifen. Durch Musikvideos werden Träume und Phantasien in einem riesigen Markt für Individuen und Gruppen verfügbar, was wiederum auf das Fernsehen zurückwirkte, wo eigene Videokanäle eingerichtet wurden. Musikvideos versuchen die Musik szenisch umzusetzen. Sie bieten nicht nur einen Hörgenuß oder eine Hörkulisse, sondern auch einen animierenden Bildgenuß oder die Bildkulisse. Als Stimmungsgeneratoren liefern sie ein gewünschtes Feeling.

Video eröffnet im Kunstbereich kreative Räume, in denen Ereignisse, Bilder und Sprache auf neue Weise verknüpft werden können.

2.5. Dezentrale Netze

Die durch Schrift und Druck bewirkte ‚Technologisierung des Wortes' tritt durch den Computer in ihre dritte Phase. Die schnelle Verfügbarkeit und die räumliche Darstellung des Wortes werden durch seine Verwendung gesteigert. Vom reinen Rechenknecht mutierte der PC zum multifunktionalen Allzweckinstrument. Mit der Öffnung ins Internet wird er zum universalen Kommunikationsgerät, zum Medium, das zur Zeit etwa 500 Millionen Menschen nutzen. Das Internet hat unser Kultur- und Weltbild verändert. Die Wirklichkeit bzw. der Wirklichkeitsausschnitt wird digitalisiert. Wirklichkeiten werden nicht mehr dargestellt, sondern erzeugt. Digitalisiert werden nicht nur Wörter, Geräusche, Töne, sondern auch Bilder, Zeichenaussagen, Filme. Schrift und Druck werden in ihrer Speicherfunktion weithin abgelöst, aber nicht ersetzt. Die über vierzigjährige *Tagesschau* der ARD ist heute im Internet abrufbar, ebenso wie die Pro-Sieben-Nachrichten, die RTL-Ratgeber-Sendung *Mein Morgen*, die *Harald Schmidt Show* oder die Talk-Show *Der grüne Salon* von n-tv. Tageszeitungen und Zeitschriften werden als WEB-Dokumentationen elektronisch publiziert. Enzyklopädien integrieren, auf CD-ROM gepreßt, Texte, Bilder, Filme und Töne. Die 1282 prächtig illustrierten Seiten der Gutenberg-Bibel sind als CD oder als Internet-Ablichtung zu bestaunen.

Die unter den Bedingungen der abendländischen Schriftkultur entstandenen und seither als selbstverständlich geltenden Grenzziehungen zwischen Bild, Sprache und Schrift werden durch die semiotischen Praktiken, die sich im Internet entwickeln, auf tiefgreifende Weise verändert. In ihm findet eine Verflechtung von Bild, Sprache und Schrift statt. Neben eine ‚Verschriftlichung' der Sprache tritt eine ‚Verbildlichung' der Schrift. Im vernetzten Hypertextsystem des World Wide Web (www)

> werden Schreiben und Lesen zu bildhaften Vollzügen. Der Schreibende entwickelt ein netzartiges Gefüge, ein rhizomatisches Bild seiner Gedanken. Dieses Bild ist vielgestaltig, assoziativ und komplex. Es besteht aus einer Pluralität unterschiedlicher Pfade und Verweisungen, die der Lesende zu neuen Gedankenbildern formt, die sich aus dem Zusammenspiel zwischen der offenen Struktur des Textes und den Interessen und Perspektiven des Lesenden ergeben. Das hypertextuelle Gesamtgeflecht von Icons, digitalen Bildern, Audio- und Videosequenzen sowie linearen und nicht-linearen Texten läßt sich auf diesem Hintergrund metaphorisch als eine bildhafte Struktur, d. h. als ‚textuelles Bild' oder ‚Textbild' beschreiben (Sandbothe 1997, 593).

Die ‚Verschriftlichung' des Bildes erfolgt über eine Transformation, in der das Bild selbst wie ein Hypertext funktioniert. Elemente, aus denen digitale Bilder bestehen, lassen sich mit bestimmten Programmen austauschen, verschieben und verändern. „Bilder werden so zu flexibel redigierbaren Skripturen." (Sandbothe

1997, 591). Aktiviert man einen Link innerhalb eines Bildes, kann von dort auf andere Bilder oder Texte verwiesen werden.

Am 6. Juni 2000 wurde der erste Kinofilm in digitalisierter Form über das Internet übertragen und direkt auf eine Leinwand projiziert. Filmstudios können enorme Kosten sparen, wenn Filme nur noch in digitaler Form entstehen, verarbeitet und verschickt werden.

Im September 2000 startete T-Online im Internet eine Soap *90 sechzig 90*, die im Berliner Modelmilieu spielt. Jede Folge dauert zwölf Minuten und ist rund um die Uhr abrufbar. Bereits gelaufene Clips können jederzeit abgerufen werden (www.90 sechzig 90.de). Seit November bietet das Zweite Deutsche Fernsehen (ZDF) die bimediale Web-Soap *Etage Zwo* täglich vierundzwanzig Stunden lang im Internet an. Ausschnitte davon sind auch im ZDF-Programm zu sehen. Auf *Etage Zwo* arbeiten fünf kreative junge Leute: Anna, die eine Seitensprung-Agentur betreibt und zu Fehltritten Alibis liefert; Josch, der Web-Illustrationen gestaltet; Kristyn, die Headhunterin; Zander, der Ideen verkauft, und Enno, der die anderen skrupellos für seine Zwecke ausnützt (www.etagezwo.de). Die Firma ‚Itchattack' bietet eine fantasievolle Reality-Soap *Fritzfiles*, in der ein Held viele skurrile Abenteuer bestehen muß. Welchen Lauf die Geschichten nehmen, entscheidet der Zuschauer am heimischen Rechner (www.fritzfiles.com).

Die Nutzung zielt auf eine individuelle, selektive, diskontinuierliche sowie evtl. mehrfache Rezeption der Inhalte. Der Nutzer bestimmt innerhalb vorgegebener Grenzen das, was er sehen, lesen oder auch hören will, und in welcher Abfolge er das tun möchte. Der Anwender wird also zur Interaktion mit dem Medium aufgefordert, indem er den Programmablauf selbst steuert.

Inzwischen nutzen auch Künstler das Internet für ihre ‚Netzkunst'. Nachdem Grafiker und Gestalter Navigationen entwickelt hatten, reagierten Künstler darauf, indem sie nicht nur die technischen Möglichkeiten nutzten, sondern mit dem Medium artistisch arbeiteten.

3. Bild-Theorien – Text-Theorien – Bild-Text-Theorien

3.1. Bilder

Ein Bild repräsentiert einen Gegenstand oder einen Sachverhalt, z. B. ein Tier, einen Menschen, mehrere jeweils davon, eine Landschaft oder jeweils Details daraus, an sich Unsichtbares wie das im Röntgenbild oder über Satelliten Visualisierte, außerdem Ideen, Pläne, Wünsche. Es können Fazetten dargestellt werden, die den Blickwinkel des Auges bei weitem überschreiten. Wer selbst abbildet, weiß, wen oder was er abgebildet hat. Wer selbst abgebildet wird, erkennt sich vermutlich wieder, aber verändert von den Größenverhältnissen her, von der Dimension (Zweidimensionalität statt Dreidimensionalität), der Umrahmung, von Farbveränderungen, Perspektivenverzerrungen usw. Durch Vergrößerungen, Verkleinerungen, Verzerrungen oder Transformationen können neue Perspektiven entstehen. Wer die abgebildete Landschaft vom Augenschein her kennt, wird sie auch als Bild wiedererkennen. Wer aber ein Bild vorgelegt bekommt, von dem er nicht weiß, was oder wen es abbildet, der muß spekulieren, oder er muß eine Erklärung dazu verlangen. Beim Spekulieren wird Wissen aktiviert, individuell angeeignetes Wissen und kulturspezifisches kollektives Wissen der Menschheit, gewonnen aus einer langen Tradition des Umgangs mit Bildern. Mit Assoziationen wird versucht, an Bekanntes anzuknüpfen.

Bilder sind Momentaufnahmen, obwohl Augenblicke nicht isolierbar, sondern Teile einer längerwährenden Perzeption sind. Sie vermitteln Vorstellungen, gelten als authentisch. Sind Bilder nicht manipuliert, lügen sie nicht, sind archivierbare Dokumente. Bilder bieten schnell konsumierbares Wissen, bequeme Informationen. Bilder sind attraktiv, besitzen einen hohen Reizwert, vor allem auf Plakaten, auf ganz- oder doppelseitigen Anzeigen, im Film und im Fernsehen.

Bilder sind wirklichkeitsnah. Sie orientieren sich an der wahrnehmbaren Realität. Sie sind offen für die Auswertung. Sie können Synoptizität erzielen, indem sie Dinge, die real so nicht vorhanden sind, gleichzeitig darstellen. Sie können aber auch Gegensätze sichtbar machen, ohne daß diese erklärt werden müssen. Sie können eine ‚magische Kraft' besitzen, mehr Emotionales als Intellektuelles ausdrücken. Schon 1873 heißt es in der *Psychologie des foules* von

Gustave Le Bon: „Die Massen können nur in Bildern denken und lassen sich nur durch Bilder beeinflussen. Nur diese schrecken oder verführen sie und werden zu Ursachen ihrer Taten" (Le Bon 1982, 44). Bilder besitzen einen sehr hohen Identifikationswert, den die Werbung, die Propaganda, die Mode-, Film- und Musikindustrie gekonnt zu nutzen wissen. Das Bild befriedigt die Neugier, oft auch die Sensationslust. Es kann Belehrung und Beratung anbieten, Unterhaltung und Erholung, Erhebung und Erbauung. Es ist ein hervorragendes Werbe- und Agitationsmittel, zieht die Massen wie die Inserenten an.

Bilder sind angewiesen auf ein Medium der materiellen Realisation. Sie werden mittels Druckerfarbe auf Papier gedruckt, mittels der Ablenkung eines Elektronenstrahls in der Bildröhre eines Fernsehers erzeugt oder durch das Auftragen von Pigmenten auf Leinwand produziert. Nur so sind sie visuell wahrnehmbar, wobei visuelle Wahrnehmung ein Zweifaches bedeutet: Wahrnehmung der Bildoberfläche und Wahrnehmung dessen, was das Bild darstellt. Wahrnehmungsmäßiges Sehen ist als konstruktive, synthetisierende Aktivität aufzufassen, die die Aufmerksamkeit auf bestimmte Eingangsinformationen konzentriert. Beim stehenden Bild besteht schon nach etwa drei Zehntelsekunden beim Betrachter eine globale inhaltliche Orientierung, die die weitere Auswertung steuert. Durch Augenfixationen, Konvergenzeinstellungen, Kompensationsbewegungen werden Strukturen innerhalb des visuellen Feldes erkannt, die zu einem kognitiven Schema und mit alten Gedächtnisstrukturen verglichen werden. Organisatorisch werden bestimmte Merkmale visueller Reizung identifiziert, die den wichtigsten Merkmalen des Abgebildeten entsprechen. Neben Erwartungen, Absichten, Erfahrungen gehen in die Sichtweise auch emotionale Aspekte ein: spontane Interessen, Motivationen, Abwehrreaktionen etc. Bei künstlerischen Bildern können mehrere Identifikationen möglich sein, so daß bewußt offen bleibt, was der Künstler ausdrücken will. Der Betrachter kann aber auch zu subjektiven Bildinterpretationen gelangen.

Sicher ist auch, daß die Wahrnehmung von Bildern sich im Verlauf der Entwicklungsgeschichte der Menschheit veränderte. Das hängt damit zusammen, daß sich zum einen die wahrzunehmenden Bilder verändern und sich zum anderen die Kommunikationsmedien verwandeln. Bilder bieten pro Zeiteinheit viel mehr Information, als Sprache das je könnte. Seit der Erfindung des Films haben wir uns daran gewöhnt, drei Filmschnitte in der Sekunde wahrzunehmen. Videos für Jugendliche operieren mit immer kürzeren Schnittfolgen, bieten immer schneller neue Bilder oder Bildsequenzen an.

Verändert haben und verändern werden sich auch die Bildkonventionen, die Festlegungen, wie eine bestimmte Abbildung zu verstehen ist, und zwar kulturabhängig. So ist es dem normalen Betrachter historischer Bilder oft nicht mehr verständlich, was der Künstler ausdrücken wollte bzw. worauf er anspielt. Das gilt besonders für Bilder von Hieronymus Bosch oder von Pieter Bruegel d. Ä. Es können dann leicht Mißinterpretationen eintreten, wenn die Kenntnisse der

Ikonologie fehlen. Bei abstrakten Bildern bleibt es offen, ob sie nur durch ihre sinnliche Schönheit und Ordnung erfreuen wollen, oder ob sie Widerspiegelungen menschlicher Grunderlebnisse darbieten.

Bilder eignen sich gut als Signale, die Aufmerksamkeit erregen. Über Fotos kann es z. B. Zeitungslesern leicht gelingen, sich zuerst mit der Bildunterschrift zu befassen, um über diese dann in den Text eines Berichts oder einer Reportage einzusteigen. Beim Fernsehen dagegen ist die Gefahr groß, daß nicht bebilderbare Themen wegfallen, selbst wenn sie für die Zuschauer wichtig wären. Im Informationsbereich bieten Bilder häufig ein Mehr als für die Disposition einer Nachricht erforderlich wäre, z. B. in der Häufung redundanter Elemente bei Werbebildern, andererseits kann aber auch die Notwendigkeit der Bildergänzung durch den Text erforderlich werden. In ihm kann etwa mitgeteilt werden, wer oder was zu sehen ist, von wem das Bild stammt, wo es aufgenommen wurde, was mit ihm bezweckt werden soll. Ein Bild, das schwarze Kinder zeigt, die mit Holzgewehren exerzieren, kann als Bild aus einem Flüchtlingslager stammen, in dem die Kinder spielerisch mit den ‚Waffen' umgehen, oder aus einem Guerilliacamp, in dem Kinder zu Soldaten ausgebildet werden. Die von Bildern ausgehende optische Information ist selten eindeutig. Erst über einen Begleittext wird Eindeutigkeit herzustellen sein. Es ist außerdem möglich, daß sich der Nachrichtengehalt eines Bildes nach einiger Zeit erschöpft, wenn es immer wieder gezeigt wird, z. B. in der Werbung. Andererseits kann der Reichtum an auswertbarer Information in einem Bild oder in einem Bildstreifen das Wahrnehmungsvermögen eines Betrachters übersteigen. In modernen Bildern oder speziell auch in Musikvideos geht es oft darum, den Betrachtern keine visuell informierende Botschaft zukommen zu lassen, sondern in ihm ästhetische Gefühle, in ihm in privater Weise vorkommunikative Wahrnehmungen auszulösen.

Der Aufmerksamkeits- und Reizwert bzw. die Appell-, Ausdrucks- und Darstellungsfiktion von Bildern können wahrnehmungspsychologisch begründet werden (Weidenmann 1988). Dabei wird davon ausgegangen, daß das Bild auf der Appelebene der Sprache überlegen, im Ausdruck aber nicht gleichwertig und bei der Darstellung unterlegen ist, d. h. ohne sprachliche Unterstützung nicht an die präzise Informationsübermittlung der Texte herankommt. Aus der Sicht der modernen Massenmedien hat das seine Ursache vor allem im bild- und unterhaltungsorientierten Medienstil, in der Anlage bildorientierter Presseorgane oder dem medienspezifischen Format des Fernsehens. Ganze Themenkarrieren können gefördert werden durch das Vorhandensein attraktiver, vor allem emotionaler Bilder.

Bei Bilderreihen sind Betrachter geneigt, Zusammenhänge zwischen den einzelnen Bildern herzustellen. Es können dabei im Kopf des Betrachters Geschichten entstehen, die mit den abgebildeten Menschen, Handlungen, Ereignissen etc. nichts zu tun haben. Andererseits läßt sich aus manchen Bilderreihen ablesen, was sich ereignete, wie gehandelt wurde. Dann kommentiert ein Bild das danebenstehende oder folgende. Diese Tatsachen machen sich viele Medien nutzbar, etwa in der Fotoerzählung oder im Fotoroman, in Comicstrips.

Reduziert man Bilder, die das Allgemeine nicht ebenso ausdrücken und vermitteln können wie Sprache, also etwa ‚Tier' oder ‚Lebewesen', auf wenige Informationselemente, so sind diese verwendbar als Symbole, Piktogramme, Markenzeichen oder Attrappen (Aicher/Krampen 1977). Neben schneller Wahrnehmbarkeit ist vor allem der internationale Einsatz möglich, da keine Sprachgebundenheit vorliegt. Zentren sind Verkehrsknoten (Flughäfen, Bahnhöfe etc.), Messen, Olympiaden, Kongresse, Sportstätten, Hotels, Kaufhäuser. Markenzeichen oder Firmensignets werden besonders im Marketingbereich eingesetzt. Sie dienen der Markierung von Produkten oder der Identifikation eines Produkts mit einem Unternehmen. Diese Zeichen können sehr universell eingesetzt werden bei Plakaten, Werbeanzeigen, Produktverpackungen, Gebrauchsanleitungen, Briefpapieren oder Werbegeschenken. Piktogramme sind einfache Zeichenfigurationen, die stark stilisierte Objekte oder Situationen darstellen. Sie werden eingesetzt als Verkehrszeichen, Wegmarkierungen, Hinweise.

Symbole bilden die bezeichneten Gegenstände nicht mehr ab, sondern beziehen ihre Wirkung meist aus kulturellen Traditionen. Symbole stehen für bestimmte Organisationen und Gemeinschaften, etwa für das Rote Kreuz, für die Christenheit, für Frieden oder Fortschritt. Fahnen kennzeichnen Staaten und Nationen. Durch klischeehafte und übertriebene Wiederholung können Symbole trivialisiert werden, wie etwa beim Symbol Herz für Liebe.

Attrappen eignen sich gut als Blickfang und zur Emotionalisierung der Betrachter. Babies, junge Tiere, nackte oder leichtbekleidete (Frauen-)Körper können Schlüsselreize auslösen und die Werbewirkung verstärken.

Bilder werden geschätzt wegen ihres Unterhaltungswertes. Sie werden leicht ‚verdaut', bedürfen bei ihrer Aufnahme oder ihrem Genuß geringer mentaler Anstrengungen. Damit werden sie oft unterschätzt. Man wählt sie nicht mit Sorgfalt aus, konsumiert sie ungeprüft und in Massen. Man geht oberflächlich mit ihnen um. Die Pädagogik wendet ihnen weniger Aufmerksamkeit zu, erzieht kaum im Hinblick auf eine ‚Bildkompetenz'. So sind die meisten Schulabgänger ‚piktorale Analphabeten'.

Es gibt aber auch eine These, die davon ausgeht, daß gerade die Menschen in unserer Gesellschaft, die vor allem über das Bild hohe Bekanntheitsgrade besitzen wie Politiker oder Künstler, dem Bild zutiefst mißtrauen. Die Flut erscheinender Memoiren sei Ausdruck dafür, daß die Schreiber befürchten, raschestens vergessen, durch andere Gesichter ersetzt zu werden. Deshalb setzen sie auf die Schrift, auf das Buch, um festzuhalten, zu bewahren, was sie für wichtig erachten an bleibendem Eindruck oder an der Botschaft, die sie hinterlassen wollen.

Es gibt keine Bildlexika analog den Wörterbüchern, denn es gibt keine gebrauchsfertigen, konservierten Bilder. Ein Bildlexikon wäre unendlich. Jemand der Bilder erzeugen will, muß kreativ sein. Er kann nicht zum Lexikon greifen, wenn ihm ein Bild fehlt. Er muß es selbst schaffen, etwa als Künstler oder als Filmautor. Auch die Forderung von Fernseh-Nachrichtenredakteuren, ihnen Bilderkataloge bereitzustellen für erwartbare Ereignisse, bleibt unerfüllbar. Redakteure, Reporter und Kameraleute haben die Bilder selbst zu gestalten, das auszuwählen, was für die Zuschauer visuell am sinnvollsten, informativsten und relevantesten ist.

3.2. Texte

Texte sind die grundlegenden Einheiten der Sprache. Der Mensch äußert sich, d.h. er spricht oder schreibt in Texten, nicht in Sätzen oder Wörtern. Diese sind wie Laute und Silben bzw. Phone und Morphe Bestandteile primär der Sätze, dann der Texte; sie konstituieren sie, indem sie Kohäsion und Kohärenz zeigen, grammatisch korrekt und sinnvoll aufeinander bezogen sind. Erst als Text ergibt sich ein abgeschlossener Sinn, der auch stimmig ist mit dem situativen Kontext, d.h. mit der Umgebung, in der er produziert und rezipiert wird.

Texte werden nach Mustern produziert und rezipiert, die der Mensch sich aneignet, erlernt. Diese sind abhängig von der Intention, die ein Sprecher oder Schreiber bzw. ein Hörer oder Leser hat, und von der Textthematik. Will jemand eine bestimmte Information oder Emotion übermitteln, entscheidet er sich für die Form, in die er sein Thema einkleidet. Bekommt jemand eine Botschaft in einer bestimmten Form mitgeteilt, so kann er sie je leichter entschlüsseln, je adäquater diese Form der Botschaft ist. Ein wichtiges Merkmal eines korrekten Textes ist es, eine verständliche Inhaltsangabe zum Text machen zu können, denn dann muß das Thema der Inhaltsangabe mit dem Textthema identisch sein.

Für zahlreiche Texte gibt es charakteristische Signale, deren Funktion es ist, auf bestimmte Textmuster zu verweisen. „Es war einmal" verweist auf Märchen. „Kennen Sie den schon" leitet Witze ein. „Im Namen des Volkes" ist die Standardeinleitungsformel für Gerichtsurteile. Rechtstexte sind weiterhin charakterisiert durch eine Einteilung in Paragraphen. Versstrukturen sind typisch für Lyrik. Poetische oder literarische Texte weisen eine andere Textstruktur auf als Gebrauchstexte. Sie sind so angelegt, daß sie variabel rezipiert werden können, während Gebrauchstexte klare Handlungshinweise geben sollen. Viele Texte werden konzipiert und gestaltet nach bestimmten Organisationsstrukturen, die eine lange Tradition aufweisen können. Für andere gibt es Gestaltungsvorschriften oder -empfehlungen. Bei dialogischen Texten sind bestimmte Abläufe verbindlich. Wer gegen sie verstößt, etwa in einem Prüfungsgespräch, muß mit negativen Sanktionen rechnen. In bestimmten Texten sind Emotionen ausgeschlossen, während sie in anderen erwartet werden.

Typisierungen folgen bestimmten Kriterien. Das gesamte Rechtswesen ist bestimmt von Kodifikationen, die festlegen, wie ein Gesetz zu gestalten ist, eine Verordnung, eine Eingabe, ein Gerichtsurteil, eine Anklageschrift etc. Informative Texte zielen auf ein genaues Ankommen, deshalb sind Nachrichten oder Berichte, etwa Polizeiberichte oder auch Interviews, stark schematisiert. Das gleiche gilt für den gesamten Ausbildungs- und Bildungsbereich. Im literarischen Sektor haben sich Gattungen und Genres herausgebildet, die traditionell eingehalten werden, etwa bei Roman, Erzählung, Novelle, Gedicht, Drama, gegen die aber auch absichtlich verstoßen werden kann, um damit eine neue künstlerische, eine neue poetische Qualität zu gewinnen. Maßgeblich ist jeweils die Funktion, die vom Textproduzenten dem Text zugewiesen wird, und von der er erwartet, daß sie vom Adressaten erkannt oder erwartet wird.

Von den möglichen Funktionen her gesehen wurden normative Texte herausgestellt, also Gesetze, Verträge, Urkunden, Satzungen, Vollmachten etc., die eine normative, also vorgebende Funktion haben; Kontakttexte, Briefe etc., die eine Kontaktfunktion besitzen; gruppenindizierende Texte, Lieder, Erzählungen etc., die eine gruppenindizierende Funktion haben; poetische Texte, die eine poetische oder literarische Funktion haben; selbstdarstellende Texte, Tagebücher, Biographien, die eine selbstdarstellende Funktion aufweisen; auffordernde Texte, Werbetexte, Parteiprogramme, Bittschriften etc., die eine auffordernde Funktion aufweisen; informierende Texte, Nachrichten, Berichte, wissenschaftliche Texte, Lehrtexte, die dem Informationstransfer dienen. Meist ist eine der genannten Funktionen dominant. Es gibt aber auch Mischformen. In bestimmten Fällen sind es Sachzwänge, die eine relativ starre Fixierung auf ein Textmuster bedingen, etwa finanzielle bei Telegrammen oder Familienanzeigen. Andere Texte, vor allem solche im Bereich der Werbung, sprengen häufig die Mustervorgaben, weil dies Kreativität bedeutet und damit eine Reizwirkung auf die Konsumenten.

Durch die Erfindung der Schrift trat die Sprache, traten Texte in ein neues Verhältnis zu sich. Mit der Schrift eröffneten sich der Sprache, eröffneten sich den Texten die historische Dimension. Nur in diesem primär visuellen Medium wurden abstrahierende, reflektierende, im weitesten Sinne analytische Operationen überhaupt möglich. Der Buchdruck verstärkte diese Visualisierungstendenzen der Sprache bzw. Texte noch, indem er die Schrift als von jedem persönlichen Ausdruck abgelöstes technisches Produkt erscheinen läßt. Neuerdings wird durch das Schreiben mit dem Computer die kulturelle Situation wieder etwas verändert, als gewisse Charakteristika der geschriebenen Sprache, weitergehend vielleicht auch solche der Oralität wieder in den Text einführen. Gegenüber der strikten Linearität gedruckter Texte erweist sich der geschriebene Text als mehrdimensional, assoziativ gestaltbar, in vielerlei Hinsicht verflüssigt.

3.3. Bild-Text-Kombinationen

In der massenmedialen Bildübermittlung dient diese vor allem zur Information über Geschehenes und zum Beweis der Wahrheit des Mitgeteilten wie über Behauptungen und Aussagen. Die optische Information erreicht den Bildbetrachter üblicherweise in Begleitung eines sprachlichen Kommentars. Dieser ergänzt die Bildmitteilung. Er kann die optische Information mehr oder weniger stark beeinflussen, wird aber den ganzen Sinnkontext der Bilder nie völlig freilegen können. Bilderläuterungen unter Pressebildern oder Bildinterpretationen unterstützen zwar den Sinnkontext von ikonischen Bildformen, klären ihn jedoch nicht auf, sondern setzen ihn voraus. Der Bildsinn muß vor aller verbalen Interpretation in seinem repräsentierenden Sinn verstanden werden. Der ikonische Objektbezug will bildlich erfaßt sein, damit weitere Interpretationen des indexikalischen und symbolischen Objektbezugs möglich werden. Deshalb stellt die sprachliche Beschreibung und Identifikation bildlich dargestellter Objektbezüge letztlich nicht den Sinn von Bildern fest, sondern kennzeichnet den Wechsel von der Zeichencodierung der bildlichen zu der der sprachlichen Beschreibung. Sprache dechiffriert den Sinn ikonischer Bildinhalte nicht, sondern versucht ihn auszudeuten, auf zentrale wie Teilaspekte aufmerksam zu machen. Bilder werden von Produzenten auf Wege gebracht, die von diesen vorgedacht sind, und die von den Betrachtern wieder durch ähnlich gelagerte Denkprozesse nachzuvollziehen versucht werden. Die Übertragung vom bildlichen zum sprachlichen Sinnkontext ist der Versuch eines Nachvollzugs, der auch scheitern kann. Sehen wir ein Pressefoto, auf dem Soldaten mit Bajonetten bestückte Gewehre auf ein Bild des gestürzten somalischen Präsidenten Barre richten und lesen wir dazu die Bildunterschrift „Der Diktator hat nichts als Elend und Trümmer hinterlassen: USC-Rebellen lassen ihre Wut an einem Bild des vertriebenen Präsidenten Barre aus", so irritiert den Betrachter die Tatsache, daß die Soldaten dabei lachen, was kein Signal für Wut bedeutet (Beispiel aus Rutschky, 1993, 51).

Bilder konkurrieren nicht im organisatorischen Komplexitätsgrad mit Sprache. Sprache weist im symbolischen Bereich und in dem des Negierens einen höheren Organisationsgrad auf. Bilder konkurrieren jedoch dort mit Sprache, wo sie ein Reservoir von Sichtbarem virtualisieren, dessen auswählbare Möglichkeiten die aktualisierte Praxis sogar oft dominieren. Generell gilt, daß beide Mitteilungsformen durch ihre spezifischen Eigenschaften die Eigenschaften der jeweils anderen erweitern.

Bilder werden in Bild-Wort-Experimenten besser erinnert als die verbalen Stimuli. Man erinnert sich eher an ein Haus, wenn man zuvor das Bild eines Hauses gesehen hat, als wenn man zuvor das Wort ‚Haus' gelesen hat. Dafür bieten sich zwei kognitionspsychologische Erklärungen an: Einmal wird behauptet, Bilder würden in einem visuellen Gedächtnisareal gespeichert und gleichzeitig in einer verbalen Sinnkopie. Deshalb werde der Sinngehalt ‚Haus' einmal als visueller Erinnerungsinhalt, und einmal als umkodierter verbaler Sinngehalt im Gedächtnis abgelegt. Eine solche Umkodierung ist natürlich bei nur verbalen Reizen nicht notwendig, weshalb nur eine einzige Abspeicherung erfolgt. Daraus resultiert eine höhere Erinnerungswahrscheinlichkeit für Bilder. Zum anderen wird das bessere Erinnern mit einer Bildüberlegenheit erklärt, mit der größeren Reichhaltigkeit visueller Stimuli, die zwangsläufig zu besseren Ergebnissen bei der Speicherung im Gehirn und dann zu einer besseren Erinnerungsleistung führt.

Das Verständnis von Bildern folgt einer anderen Logik als das von Sprache. Viele visuelle Darstellungen wirken klar und logisch. Sie klingen eher absurd oder dümmlich, wenn man sie in Worte faßt. Steht ein leicht- oder kaum bekleidetes Model lächelnd neben einem Auto, so wird klar, daß sich die Emotionen bei den Zuschauern zuerst auf das Model beziehen, und dann erst auf den Wagen. Erotische Reize etwa sind über Bilder deutlich besser zu kommunizieren als über Texte. Auch optische Täuschungen können etwa in der Werbung bewußt eingesetzt werden, um Kaufreize zu erzielen. Schließlich suchen etwa 60 bis 90 Prozent der Betrachter einer Zeitschrift den Kontakt zu den Bildern, auch zu denen der Anzeigen, und nur etwa 10 bis 20 Prozent beschäftigen sich mit den angebotenen Texten.

Funktional kann der Text-Bild-Zusammenhang so zusammengestellt werden: Bilder haben eine darstellende Funktion gegenüber dem Text. Sie veranschaulichen dessen Inhalte bzw. die Abbildung wiederholt bestimmte im Text vorhandene Inhalte. In bestimmter Weise ist die Abbildung gegenüber dem Text redundant. Sie kann aber benutzt werden, das Textverständnis zu überprüfen, indem das Bild eine zweite Aufnahmemöglichkeit bietet. Weiter liefert das Bild eine gliedernde, kohärenzstiftende und reduktive Makrostruktur der Textinhalte, besitzt damit Ordnungsfunktion. Bei Visualisierungen, in denen die Beziehungen zwischen den Schlüsselkonzepten eines Textes dargestellt werden, ist eine Erleichterung der Textverarbeitung zu erwarten, weil durch die schnelle Verfügbarkeit der Hauptrelationen der Textinhalte mehr Kapazität für andere Aspekte der Textverarbeitung übrig bleibt. Bei der interpretierenden Funktion des Bildes wird davon ausgegangen, daß dieses schwer verständliche Inhalte des Textes veranschaulichen kann, etwa durch Analogien oder visuelle Metaphern. Das Bild konkretisiert die Textaussage. In seiner transformierenden Funktion bietet das Bild eine mnemotechnisch nützliche Umkodierung, stellt eine Art ‚Eselsbrücke' dar. Die dekorative Funktion eines Bildes dient allein der Illustration des Textes, hat vor allem motivationale Bedeutung für ihn (nach Ballstaedt/Molitor/Mandl 1989, 117).

Texte und Bilder können jeweils als Interpretationskontext für das jeweils andere dienen, tragen so zum Verständnis des Text-Bild-Angebots insgesamt gesteigert bei. Umgekehrt kann jeweils das eine das andere besser strukturieren helfen, indem es dessen Inhalte wesentlich reduziert, etwa räumliche Dimensionierungen, die in einem Text enthalten sind, visuell leichter zugänglich macht. Werden Texte und Bilder sequentiell angeboten, so kann das jeweils im Medium zuerst erscheinende eine Einstellung beim Betrachter auslösen, die sich dann auf die Verarbeitung des anderen bzw. des gesamten Angebots auswirkt. Es können bestimmte Aufmerksamkeiten auf bestimmte Aspekte des Dargebotenen gelenkt werden, womit generell die Verarbeitungstiefe beeinflußbar wird (nach Ballstaedt/Molitor/Mandl 1989, 117).

Das Verhältnis von Sprache und Bild ist abhängig vom Einsatz in den jeweiligen Medien. Dabei gilt: Je jünger das Medium, desto höher ist im allgemeinen der Bildanteil. Je jünger das Medium, desto stärker tritt der Text in den Hintergrund. Je jünger das Medium, desto emotionaler ist die Bild- und meist auch die Textgestaltung. Je jünger das Medium, desto eher kann das Bild den Text ersetzen.

Bei Vilém Flusser heißt es:

> Wenn Texte von Bildern verdrängt werden, dann erleben, erkennen und werten wir die Welt und uns selbst anders als vorher: nicht mehr eindimensional, linear, prozessual, historisch, sondern zweidimensional, als Fläche, als Kontext, als Szene. Und wir handeln auch anders als vorher: nicht mehr dramatisch, sondern in Beziehungsfelder eingebettet. Was sich gegenwärtig vollzieht, ist eine Mutation unserer Erlebnisse, Erkenntnisse, Werte und Handlungen, eine Mutation unseres In-der-Welt-Seins. Lineare Texte haben ihre dominante Stellung als Träger der lebenswichtigen Informationen nur etwa viertausend Jahre lang eingenommen. Nur etwa für jene Dauer also, die, im genauen Sinne des Wortes, ‚Geschichte' genannt wird. Vorher, für die Dauer der etwa 40 000 Jahre der ‚Vorgeschichte', wurden diese Informationen von anderen strukturierten Medien, insbesondere von Bildern, getragen. Und selbst während der relativ kurzfristigen Vorherrschaft der Texte haben die Bilder weitergewirkt und die Textherrschaft dialektisch streitig gemacht. So daß man angesichts des gegenwärtig emportauchenden Universums der technischen Bilder das folgende zu sagen versucht ist: Die linearen Texte haben im Dasein der Menschheit nur eine vorübergehende Rolle gespielt, die ‚Geschichte' war nur ein Zwischenspiel, und wir sind gegenwärtig dabei, in die ‚normale' Lebensform zurückzukehren, in die Zweidimensionalität, ins Imaginäre, Magische und Mythische (Flusser [4]1992, 9–10).

Nach Flusser sind Texte heute derart unvorstellbar geworden, daß sie Bilder benötigen, um wieder konkret zu werden (Kloock 1995, 131). Beweisen läßt sich das etwa an Gebrauchsanleitungen, vor allem an solchen von im Ausland produzierten Gütern. Die deutschen Texte sind meist unverständlich, in einer Art Pidgin verfaßt. Allerdings werden diese meist nicht von leicht nachvollziehbaren Bildern begleitet. Wo überhaupt bildliche Darstellungen eingesetzt werden, sind sie zu komplex in ihrer Aussage.

4. Die Text-Bild-Medien

4.1. Zeitung

Lange Zeit war das Bild Informationsmittel vor allem für Analphabeten, denen in erster Linie religiöse und politische Inhalte vermittelt wurden. Der Verbreitung von Wand- oder Buchmalerei waren noch enge Grenzen gesetzt. Erst die Erfindung des Holzschnitts Ende des 14. Jahrhunderts und nachfolgender Drucktechniken (Kupferstich, Radierung) ließ die Verwertung in Büchern, mehr aber in Flugblättern und -schriften, Meßrelationen, Zeitungen und Zeitschriften zu. Die Illustrationen gaben den Käufern das Gefühl, etwas Wertvolles zu besitzen. Ihre langwierige Herstellung kümmerte nicht, da die Publikationen noch keinen Anspruch auf Aktualität erhoben. Der Naturalismus setzte mehr auf die Wirklichkeitstreue der Bilder, denen die traditionellen Techniken nicht mehr entsprachen. Eine Calotypie eines unbekannten Fotografen von der Eröffnung des Kristallpalastes am 10. Juni 1854 durch die englische Königin Victoria und den Prinzgemahl Albert gilt als erstes Pressefoto. Seit 1881 machten die Reproduktionsmöglichkeiten für die Fotografie den Druck wesentlich billiger. Kulturpessimisten warnten vor einer Illustrationskrankheit, der ‚Autotypitis'. Dabei wurde übersehen, daß die Bilder die Tendenz, das schon durch den Druck bevorzugte Auge weiter zu privilegieren, verstärkten und zu einer ‚Erweiterung des Blicks' beitrugen. Es kam zu einer Revolution der Wahrnehmung, weil die grundsätzliche Funktion des Kommunikationsmediums Druckerzeugnis den Akt der Wahrnehmung zu organisieren, stärker spezialisierte, als dies in der bildarmen Presse vorher möglich war. Mit der Verbindung Druck-Fotografie brach das Zeitalter der visuellen Massenmedien an. Durch die Überwindung räumlicher und zeitlicher Grenzen veränderte das Bild in den Medien die Wirklichkeitserfahrung des modernen Menschen.

Die immer nuancierter werdende Fotografie erweitert nicht nur den Blick auf alle Lebenssphären. Sie verklärt zunehmend ihre Objekte, ästhetisiert sie. Es gelingt ihr, auch Bilder des Elends zum Gegenstand des Genusses zu machen. Die Wirkung einer fotografischen Gegenüberstellung, gekoppelt mit einer knappen, aber treffenden Unterschrift, kann wesentlich größer sein als die eines zündenden Leitartikels.

Im NS-Staat wird die Illustration zu einem ‚hervorragenden publizistischen Kampfmittel'. Die Schnelligkeit, mit der ein Leser ein Bild erfassen kann, prädestiniert es gegenüber dem Text, der Wort nach Wort aufbereitet werden muß. Durch seine „Anschaulichkeit spricht das Pressefoto zu jedem in einer sofort verständlichen Sprache" (Stiewe 1936, 34). Aufgrund seiner unbegrenzt suggestiven Kraft und einer starken gefühlsmäßigen Wirksamkeit bietet das Bild einen hohen Grad von Identifikationsmöglichkeit, läßt dann den Eindruck auch nachhaltig im Gedächtnis haften. Der Zeitungsleser nehme ein Bild

> augenblicklich in sich auf, schlagartig dringt es in das Bewußtsein des Beschauers ein, selbst wenn er gar nicht die Absicht hatte, sich mit dem dargestellten Gegenstand zu beschäftigen. Das kommt vor allem dem aufklärenden und belehrenden, dem appellierenden wie überhaupt jeder Art tendenziösen Bild zugute. (Stiewe 1936, 34).

Der dokumentarische Schein des Fotos, der den Leser quasi zum Augenzeugen macht, belegt ihm Wahrheitsgehalt und Authentizität des Dargestellten. Von den Produzenten her sind Bildfälschung wie Bildlüge einkalkuliert. Wichtig ist der propagandistische Effekt, in den natürlich der Begleittext mit einbezogen wird. Ein Bild mit amerikanischen Luftgeschwadern kann informierend mit der Zeile „Luftmanöver amerikanische Streitkräfte" betitelt werden oder suggerierend mit „So rüsten die anderen!"

Die 1952 von Springer im Direktverkauf herausgebrachte *Bild*-Zeitung läutete in Deutschland das ‚Zeitalter der Bildpublizistik' ein. Sie wendete sich an den ‚optischen' Menschen, den modernen Analphabeten, der hungrig war nach visuellen Eindrücken, und dem eine „gedruckte Antwort auf das Fernsehen" angeboten werden sollte (Springer 1972, 144 A.1.). Springer hatte die Hinwendung zum bloßen Bildblatt, zur ‚Tagesillustrierten' damit erklärt, er sei sich „seit Kriegsende darüber klar" gewesen, „daß der deutsche Leser eines auf keinen Fall wollte, nämlich nachdenken. Und darauf habe ich meine Zeitungen eingerichtet" (Axel Springer im *Evangelischen Sonntagsblatt*, 5.7.1959, zit. nach Arens 1973, 59). Deshalb erinnerte er sich daran, „daß Bilder tausendmal schneller den Weg zum Gehirn des Menschen fänden" als Texte (Müller 1968, 73) und ließ ein Billigblatt konzipieren, das vor allem angefüllt war mit Agenturfotos. Die Action-Bilder auf den Schauseiten des vierseitigen Blattes waren knapp betextet. Ihnen gesellten sich Comic-Strip-Serien und eine Kunstbetrachtung als visuelle Einheiten, der Tagesspruch sowie der Kommentar, weiter Nachrichten, kurze Artikel, Kolportagen, ‚Novelletten', Horoskope und Witze sowie zwischengestreut vor allem Anzeigen hinzu. Die angepeilten Massen der Nichtdenker wurden mit dem 10-Pfennig-Blatt allerdings nicht erreicht, so daß man rasch dazu übergehen mußte, die Bild-Legenden auszuweiten, neben Meldungen auch Berichte, Geschichten, Erzähl-Serien aufzunehmen. Riesige Schlagzeilen als ‚Augenfänger' sollten zum Kauf am Kiosk animieren. Aus dem Bildblatt mit eingestreuten Texten wurde ein Textblatt, dessen immer noch überaus zahlreiche Bilder aber die Aufgabe der visuellen Ergänzung übernehmen. Anders als bei normalen Zeitungen blieb auch die Grundkonzeption, die von der Auflösung bzw. Zersetzung der Genres des klassischen Journalismus (Bericht, Reportage, Nachricht, Kommentar etc.), der Texte und Sätze ausging. Die Dynamisierung des Umbruchs auf der Titelseite zielte auf maximale Reizeffekte für den schnellen Leser. Er bekam Sensationen und Exklusivitäten schreiend angekündigt, mußte sich aber dann auf einer der nächsten Seiten mit Banalitäten, Alltäglichkeiten oder Erfindungen abspeisen lassen.

Seit 1983 vermochte es der Verlag, durch Ableger wie *Bild am Sonntag*, *Bild der Frau*, *Auto-Bild*, *Auto-Bild Motorsport*, *Sport-Bild* oder *Computer-Bild* die Bild-Konzeption zu multiplizieren.

Der Erfolg, den die Bildblätter seit den fünfziger Jahren erzielten, verleitete natürlich auch die Tagespresse dazu, immer mehr auf die ‚Bildinformation' zu setzen. Dabei geht es um Veranschaulichung vor allem von Dingen, die geschrieben nicht so gut zu vermitteln sind. Es geht um die Illustration des Textes, der notfalls auch alleine stehen könnte. Es geht um die Auflockerung des Umbruchs, um das Vermeiden des Eindrucks einer ‚Bleiwüste', und es geht vor allem um optische Anreize. Bilder erfüllen für Leser von Tageszeitungen die Aufgabe von Fixpunkten, die zuerst die Aufmerksamkeit auf sich lenken, die man zuerst betrachtet. Die Bildnachricht kann deshalb auch eine starke Beeinflussung ausüben, manchmal eine stärkere als der Text. Sie kann mehr emotionalisieren und meinungsbildend wirken. Dabei bleibt unberücksichtigt, daß bestimmte Bilder gegenüber anderen vom gleichen Geschehen redaktionell bevorzugt werden, um eben in eine bestimmte Richtung zu wirken, etwa Aktion vorzutäuschen, wo diese nur partiell stattfand. Bilder dienen zudem stark der Personalisierung. In der Abonnementpresse sind es vor allem die Politiker, die ‚Repräsentanten' des Volkes. Durch deren Fotos wird dem Leser immer wieder verdeutlicht, daß andere für ihn handeln, politisch aktiv sind. Politisches Handeln findet im Vollzug dieser Tatsachen heute fast ausschließlich in Begleitung von Fototerminen statt, wobei die realen Situationen oft geschönt werden, z.B. durch einen freundlich erscheinenden Händedruck von Kontrahenten. Während alle Tageszeitungen Bild und Farbe nutzen, bleibt nur das konservative Traditionsblatt *Frankfurter Allgemeine Zeitung* weitgehend resistent. Es hat im letzten Jahrzehnt die Zahl seiner Bilder zwar verdoppelt, duldet aber noch immer kein Foto auf der Titelseite.

Zentral für die Bildauffassung ist die Bildunterschrift. In manchen Fällen genügen Namensnennung und Ort der Aufnahme. Meist sind Ergänzungen notwendig. Ein Foto heftig agierender Händler in einem Börsensaal gewinnt durch den Begleittext ‚Panik an der Börse. Vermögen werden vernichtet, Tausende sind ruiniert' eine andere Bedeutung als mit dem folgenden: ‚Hausse an der Börse. Aktien notieren phantastische Preise'. Insgesamt kann die Bildaussage durch den Text ergänzt, damit aussagekräftiger und wahrer werden. Sie kann aber auch eingeengt oder gar verfälscht werden. Ein gravierendes Beispiel ist das Bild von der Schauspielerin Ida Ehre, Direktorin der Hamburger Kammerspiele. Es erschien am 11.11.1988 auf Seite 1 der *Frankfurter Rundschau* und zeigte Ida Ehre, den gesenkten Kopf in die Hände gestützt und anscheinend fassungslos über die Gedenkrede des Bundestagspräsidenten Philipp Jenninger am 10. November vor dem Deutschen Bundestag zum 50. Jahrestag der faschistischen Pogromnacht. Ida Ehre hatte vor der Rede Paul Celans Gedicht *Todesfuge* vorgetragen. Die *Frankfurter Rundschau* schrieb zum Bild: „ENTSETZEN über die Rede von Bundestagspräsident Philipp Jenninger. Ida Ehre [...] schlägt die Hände vor das Gesicht. Sie ist eine der wenigen Jüdinnen, die den Nazi-Terror in Deutschland überlebten". Nach eigener Aussage hatte Frau Ehre aber von der im Bundestagsplenum und in der Öffentlichkeit Anstoß erregenden Rede Jenningers nichts mitbekommen, da sie von ihrem Gedichtvortrag so aufgewühlt war, daß sie nur noch weinte. Der Text weist hier dem Bild eine eindeutige Tendenz zu, oder er kann in anderen Beispielen auch dem zu Sehenden zuwiderlaufen. Wichtig ist, daß die Bildunterschrift als Brücke zum Artikeltext genutzt wird (Hartmann 1995; Holicki 1993).

Zu Beginn der 90er Jahre machten es neue Druckverfahren möglich, Farbe auch in die Zeitung zu bringen. Diese machte die Blätter dynamisch, machte sie attraktiver nicht nur für die Leser, sondern auch für die Werbebranche. Infografiken (Blum/Bucher 1998, 54-60) wie Karten oder statistische Diagramme machen das im Text Berichtete anschaulich. Im Zuge einer ‚Optimalcodierung' versuchten Designer Zeitungen zu modernisieren, indem sie das Layout, also Bilder, Texte und Farbe perfekt aufeinander abzustimmen versuchten. Farbleitsysteme bieten dem Leser die Hilfe durch das Blatt. Durch das Layout soll die Zeitung zum wiedererkennbaren Markenprodukt werden (Brielmaier/Wolf 1997).

Wegweisend wurde *Die Woche*, die im Februar 1993 erstmals erschien. Ihr ausgefeiltes Layout wurde auf Apple-Macintosh-Computern mit ‚QuarkXPress' entworfen und im Vier-Farben-Druck ausgeführt. Sie konnte sich als Konkurrentin zur *Zeit* zwar auf dem Markt etablieren, aber diese in ihrer Existenz nicht gefährden. Auf dem handlichen ‚Berliner Format' (31,5 x 47 cm) werden fünf Spalten pro Seite nur von zentrierten Überschriften, Kästen oder Bildern unterbrochen. Der besseren Übersicht dienen sowohl die farbige Unterlegung der Kästen wie auch ihre Balken-Überschriften. Bei großen Aufmacherthemen, die eine ganze Seite füllen, werden die Informationen grundsätzlich in Hauptartikel und Zusatzkästen unterteilt. Beliebt sind Kästen auch für Umfrageergebnisse, Zitatensammlungen oder plakativ vereinfachte Gegenüberstellungen. Der verwendete Schrifttyp wird durchgehalten. Die Übersichtlichkeit und Lesefreundlichkeit wird verstärkt durch die konsequente Farbkennzeichnung der Ressorts. In sieben ‚Büchern' bietet das Wochenblatt acht Ressorts, die auf ihrer ersten Seite durch einen farbigen Ressortbalken und im weiteren Verlauf durch farbig unterlegte Seitenzahlen gekennzeichnet sind. Präsentiert sich *Die Woche* auf der ersten Seite unter den Spitzmarken gleich als Meinungszeitung mit großem

Leitartikel und der ‚Wochenschau', einem Kommentar in aufgesetztem Kasten, so bietet sie schon auf Seite 2 ein übersichtliches Inhaltsverzeichnis. Auf Seite 3 folgt ein ‚Porträt' einer prominenten Persönlichkeit mit einem zentralen Farbfoto in den Spalten 2 und 3. Direkt unter dem Foto sitzt ein Kasten mit einer Kurzbiografie und der plakativen Gegenüberstellung von Freunden und Feinden des oder der Dargestellten. Auf Seite 4 folgt der ‚Streitfall', wo Prominente ihre Meinung zu einem aktuellen Thema ausbreiten dürfen. Darunter findet sich die erste Anzeige im Blatt. Soviel Übersichtlichkeit könnte leicht langweilig werden, würde sie nicht aufgelockert durch die fantasiereiche unkonventionelle Gestaltung der Farbbilder. Sie werden abwechselnd in traditionelle (ungerahmte) Kästen gesetzt oder greifen aus in den Text, der dann als Formsatz um die Bilder fließt. Die Bildunterschriften werden mal weiß ins Bild geschrieben, mal traditionell schwarz daruntergesetzt.

Die Zeit reagierte erst 1998 auf das *Woche*-Layout. Die Zahl der Bilder wurde deutlich erhöht. Deren Formate kennen kaum mehr eine Begrenzung. Bilder werden über eine halbe Seite gezogen, laufen in Spalten ein, erscheinen freigestellt mitten im Text. Damit wird innerhalb eines starren Rasters ein völlig gegenläufiges, losgelöstes Element zugelassen. Farbige Bilder gibt es nur in den Büchern *Reisen* und *Leben* sowie in den Anzeigen. Rote Buchstaben markieren die Ressort-Initialen. Sonst finden sich rote Zahlen im Inhaltsverzeichnis, rote Farbe in Graphiken, Plänen etc. Gegenüber der *Woche* erscheint das *Zeit*-Layout weiterhin als konservativ.

Der Trend läßt sich so zusammenfassen:

> Die Zeitung präsentiert auf immer mehr Raum immer mehr Informationen mit den zusätzlichen Informationskanälen Bild und Grafik, obwohl ihre Leser kontinuierlich weniger Zeit in die Lektüre investieren. Textdesign ist eine Strategie, um dieses Dilemma in der Leser-Blatt-Beziehung aufzulösen. Sie unterstützt die selektive Lektüre und hilft, den Informationsfluß zu kanalisieren (Blum/Bucher 1998, 16).

Damit läßt sich eine Gesamtauflage von täglich 25 Millionen verkaufter Exemplare halten. Jugendliche, bei denen es einen gewaltigen Einbruch gab, da nur noch knapp 60 Prozent der zwischen 14- und 19jährigen eine Zeitung in die Hand nehmen, ließen sich jedoch nicht locken. Bei ihnen stehen die gestalterischen Elemente nämlich praktisch gleichberechtigt neben dem inhaltlichen Angebot. Auch besonders für junge Leute attraktiv gemachte Beilagen erwiesen sich als nicht besonders wirksam.

4.2. Zeitschrift

Die seit 1833 erscheinenden Illustrierten, in Deutschland zuerst die *Berliner Illustrirte Zeitung*, eine Presseform, die vom Bild quasi geschaffen wird, nutzten neben der Autotypie vor allem die neu entwickelte Momentfotografie. Es folgen die übrigen Zeitschriften sowie die Zeitungen, falls deren Papierqualität dies zuläßt. Durch die 1907 geschaffene Möglichkeit, Bilder telegrafisch zu übermitteln, wird der Spielraum wesentlich erweitert. Einen gewaltigen Aufschwung bringt der Erste Weltkrieg, in dem zahlreiche Berufsfotografen eingesetzt wurden, die Kriegsbilder lieferten. Daneben waren vor allem Sportfotografen aktiv.

In der Weimarer Zeit erreichten die großen Fotoreportagen der *Berliner Illustrirten Zeitung*, der *Leipziger Illustrierten Zeitung*, der *Münchner Illustrierten Presse*, der *Woche* und anderer Millionen von Lesern. Vor allem Dr. Erich Salomons heimliche Fotos von politischen Konferenzen und Treffen der zeitgenössischen Politiker waren beliebt. Er wie andere Starfotografen schrieben auch ihre Bildunterschriften und Begleittexte selbst. Als Sensation galten eine fünfseitige Bildreportage in der *Münchner Illustrierten Presse* 1930 ‚Mahatma Gandhi privat' von Walter Bosshardt oder ‚Ein Tag mit Mussolini', 1931, gestaltet von Felix H. Man. Andere große Reportagen beschäftigten sich mit Artistenschulen, dem Kampf der Araber gegen die Juden in Palästina, einem Fußballtag, der Not im Hamburger Hafen wie in einem fränkischen Dorf, der Theaterschule Max Reinhardts, einer Rettung im vergasten Schacht, dem Nachtleben in London, dem Leben im Trapistenkloster usw. Es verblüfft die Modernität des Layouts, des Arrangements der Bilder und Texte. Es entsteht die klassische Form, die auch nach 1945 wieder von den Illustrierten aufgenommen wurde.

Für die mehr als 500 erscheinenden reinen Sportzeitschriften entwickelte sich ein eigener Bildjournalismus. Fast immer boten die Bilder die ‚eingefrorenen' Stationen einer an sich rasenden Bewegung. Die Sportfotografie wurde zum Katalysator für die Popularisierung des Sports, denn das konvulsivische Sportfieber der Weimarer Republik führte als Ausläufer der Neuen Sachlichkeit auch zu einer neuen Körperlichkeit. Deshalb gab es auch eine Verbindung zur damaligen Tanz-Gymnastik- und Aktfotografie.

Im Dritten Reich wurde *Signal*, das Magazin der Wehrmacht, mit Farbbildern und Bildreportagen von allen Kriegsschauplätzen die aufwendigste Illustrierte der Welt. Verherrlicht wurde der Deutsche als Soldat, etwa in der Titelgeschichte der Nummer vom 1. November 1942 ‚Die stählerne Stirn der Infanterie', für die Fotoreporter wie Hilmar Pabel die Bilder lieferten. Im Truppenbetreuungsmagazin *Erika*, der ‚frohen Zeitung für Front und Heimat', erschienen Fotoreportagen vor allem aus Lazaretten und Erholungsheimen. Die *Berliner Illustrirte Zeitung* brachte in Nummer 49 vom Dezember 1940 Bilder von Menschen im Ghetto von Lublin (Polen), die zusammen mit der Bildunterschrift von der *TAZ* als „intellektuelle Beihilfe zum Judenmord" gegeiselt wurden. Ab Oktober 1944 mußten alle Bildblätter den gematerten Inhalt des *Illustrierten Beobachters* übernehmen. Im Dritten Reich wurde gelogen wie niemals zuvor, aber über jeder zweiten Lüge stand das Wort ‚Fotografie'. Man betrachtete jedes Bild als Dokument, vor dem jeder Einwand verstummte.

Nach Kriegsende boten die Illustrierten, etwa *Quick, Revue, Neue Illustrierte, Bunte Illustrierte* und *Stern* weiter Bildreportagen (‚Antlitz der Zeit' o. ä.) vor allem mit Sensationen, etwa den Leiden gefangener Vietnamesen oder die der 23 japanischen Fischer, die 1954 mit ihrem Boot in den Aschenregen der amerikanischen Atombombe gerieten. Adenauer bekam im *Stern* 1963 zu seinem Abschied von der Politik sechs Bildseiten gewidmet (Kasper 1979). Als das Fernsehen 1953 seinen visuellen Siegeszug begann, stieg in der Programmzeitschrift *Hör Zu* der Anteil der Illustrationen zum Hörfunkprogramm. Kulturell interessierten Rundfunkhörern wurden Farbaquarelle zu Drama, Komödie, Oper und Operette geboten. Früher als im Fernsehen technisch möglich, bot die Zeitschrift Farbbilder zum TV-Programm. Ergänzend dazu erschienen in regelmäßigen Abständen Fotoromane. Zum Erfolg der Zeitschrift, die eine Auflage von fast 5 Millionen Exemplaren je Ausgabe schaffte, gehörten außerdem die fotoähnlich gemalten farbigen Titelbilder in der Manier eines Caspar David Friedrich oder Ferdinand Georg Waldmüller.

Die Analyse eines *Stern*-Heftes (Nr. 40, 1976) erbrachte als Fazit, daß das illustrierende Foto „nichts Bestimmtes auf unbestimmte Weise" illustriere. Zusammenhanglose Reize würden zusammengezogen. Es ergäbe sich keine „aufklärende eigene Semantik" der Bilder. Es gelte das Reduktionsprinzip auf Eindeutigkeit und Gegensätze, das Inhalte dem Effekt opfere, selbst aus der Abbildung größten Grauens noch unmittelbaren Genuß beim Betrachten zu bieten (Nolting 1981, 26 u. 24). Das Einzelfoto kann wegen seiner gekonnten Technik, seiner geglückten Ästhetik bestaunt werden. Es bleibt jedoch zufällig, wird aufgehoben, ja verdrängt durch das jeweils neu folgende, ebenso technisch wie ästhetisch perfekte Bild. Die Illustrierten bieten den Sehern Fotos mit einer „nie selbst zu konkretisierende[n] Vagheit seiner Bedeutungen", einer „nie gesicherten Illustrierbarkeit von Ereignissen", aufgelöst durch meist lapidare Unterschriften: „Der niedersächsische Finanzminister Walter Leisler Kiep (CDU) im Gespräch mit dem CDU-Fraktionsvorsitzenden Karl Carstens" (Nolting 1981, 30f.). Titelbilder sind im *Stern* überwiegend montiert, d. h. angereichert mit Informationen, die im Original nicht vorhanden sind. Dabei konterkariert das zu Sehende häufig das, was im Heft inhaltlich zum Titel geboten wird. Eine schöne nackte Frau verweist etwa auf einen Artikel, der von sozialen Mißständen handelt.

Obwohl bei der Illustrierten das Bild primären Rang habe, kann dieses nicht „der Orientierungsrahmen der Vermittlung sein, es ist vielmehr selbst notwendig eingebettet; die blickregulierende Dominanz obliegt nicht dem visuellen Auge, sondern letztlich immer dem Lesenden, dem Text, dem Sprechen" (Nolting 1981, 32).

Zeitschrift

Eine Untersuchung zum Stellenwert der bebilderten Medizinberichterstattung in den Zeitschriften *Quick, Stern* und *Hör Zu* zwischen 1987 und 1992 erbrachte, daß die optische Umsetzbarkeit notwendige Bedingung war für die Aufnahme von Medizinbeiträgen.

> Neben der optischen Darstellbarkeit sichert der Medizin vor allem ihre inhaltlich permanente Aktualität den thematischen Stellenwert. Denn diese permanente Aktualität akzeptieren die Publikumszeitschriften für die illustrierte Berichterstattung ebenso vorbehaltlos wie für die verbalen Aussagen. Da das Thema also ebenso permanent zur Verfügung steht, variieren die Illustrierten die Themenattraktivität auch je nach Bedarf. (Boes 1997, 225).

Dabei werden auch Bilder verwendet, die originär auf die Thematik bezogen sind, so daß die Hauptlast der Information beim Text liegt. Wo Fotos fehlen, müssen Graphiken eingesetzt werden. Wo Bilder vorhanden sind, werden sie als Großfotos abgedruckt, damit ihr plakativer Wert den Leser emotional ansprechen kann.

Eine Zeitschrift präsentiert sich über die Qualität ihrer optischen Gestaltung. Auf ‚originelle' Optik, technisch perfekt präsentiert, setzen vor allem die Illustrierten. Wenigstens fünfzig Prozent des verfügbaren redaktionellen Raumes werden von Bildern eingenommen, wobei sich der Bildanteil gegenüber der Vorkriegszeit verdoppelte. Thematisiert kann nur werden, was optimal zu visualisieren ist. Wenn nicht der Idealzustand eintritt, daß auf ein Thema ein begnadeter Fotograf zusammen mit einem flotten Schreiber angesetzt werden kann, dann gilt die Priorität des Bildes, das groß und geschickt plaziert herauszustellen ist. Die Illustrierte bietet nicht den primären Nutzen der Aktualität, noch verfügt sie über den Zwang, lesernahes Geschehen bis hin zu den Todesanzeigen anzubieten. Sie muß den Rang eines Markenartikels gewinnen, ein Produkt sein, an dessen Lektüre man sich gewöhnt. Während die Zeitung überwiegend vom Agenturangebot lebt, sowohl auf der bildlichen wie auf der textuellen Ebene, muß die Zeitschriftenredaktion kreativ sein, das ins Bild zu rücken, was nicht schon in der Tageszeitung abgebildet war oder im Fernsehen durch Nachrichten oder Magazine flimmerte. Was die Agenturen nicht brachten, was im Fernsehen überhaupt nicht oder nur kurz zu sehen war, muß in seinen Einzelheiten wie in seiner Emotionalität sichtbar gemacht werden. Wenn ein Rennwagen in der Luft zerbricht oder an einer Mauer zerschellt, dann zeigt das Bild oder die Bildserie die Details, das davonfliegende Rad oder den Fahrer oder beide. Als Beate Klarsfeld 1968 den Bundeskanzler Kiesinger ohrfeigte, brachte der *Stern* die Phasen dieser Ohrfeige auf drei Doppelseiten, geliefert von einem Amateurfotografen, den es aber durch Recherche aufzustöbern galt.

Wo Bilder vom Originalereignis nicht vorhanden sind, werden sie nachgestellt. Sie gelingen dann häufig besser, sind schärfer, wirken affektiver auf den Betrachter. Im Textbereich wird meist differenziert zwischen recherchierenden und gestaltenden Journalisten. Es herrscht Arbeitsteilung. Jeder Text durchläuft mehrere Stationen, wird immer wieder daraufhin kontrolliert, vom Anfang bis zum Ende hochinteressant zu sein. Deshalb werden Artikel mehrfach neu geschrieben, immer wieder der bildlichen Umgebung, dem Layout neu angepaßt. Man müht sich um die sprachliche Form, um den Artikelaufbau, um die Dramaturgie des Textes, um die integrierten Effekte.

In den Grenzbereich zur Visualisierung gehört die Überschrift. Man setzt auf treffende, pointenhafte Schlagzeilen. Zur Hochzeit von Tina Onassis mit einem russischen Schiffsmakler brachte der *Stern* über einem opulenten Hochzeitsmenü den Titel „Hummer und Sichel". Als Franz Josef Strauß Kanzlerkandidat wurde, zeigte der *Stern* auf einer Doppelseite Strauß mit riesigem Nacken von hinten und betitelte „Das Kreuz des Südens", womit wenigstens drei Bedeutungen suggeriert waren.

‚Herzstück' der Illustrierten sind die Bild-Reportagen, und unter diesen wieder die Titel- oder Aufreißer-Stories. Zentral ist die Wechselwirkung zwischen Bild und Text. Während der Text überwiegend informiert und determiniert, den weiteren situativen Kontext, in dem die Bilder stehen, erläutert, konkretisiert und ‚versinnlicht' das Bild die Text-Information.

Die gegenseitige Kommentierung wird durch das Layout festgelegt. Der hochentwickelte Rotationstiefdruck erlaubt zahlreiche raffinierte Varianten. Das einfachste Prinzip besteht in der Addition auf der einen, in der polaren Anordnung auf der anderen Seite. Diese formalen Mittel entpuppen sich in Verbindung mit konkreten Bildinhalten als wichtiger Bestandteil der sich zwischen den Bildern abspielenden Bildrhetorik innerhalb der größeren Einheit Bildreportage. Mit dem Prinzip der parallelen Wiederholung oder Redundanz bestimmter Bildinhalte kann ein Verstärkereffekt erreicht werden. Dagegen tendiert die polare Anordnung inhaltlich zur Darstellung von Kontrasten, von Gegensätzen, von Widersprüchen. Antithetisches Operieren kann aber Widersprüche nicht nur deutlich machen im Sinne einer aufklärerischen Wirkung; es können auch Pseudo- oder Scheinwidersprüche manipulativ, im Sinne einer Verschleierung realer Widersprüche, hochgeputscht werden.

Möglich sind auch alle Arten der Überblendung und Montage. Kleinere Bilder können in größere, Texte in Bilder und Bilder in Texte integriert werden. Helle Texte können vor dunklem Bildhintergrund aufscheinen. Schlagzeilen können sich dunkel von grauen oder frischfarbigen Fotos abheben. Alle Elemente können halbtonig ineinander verfließen oder abrupt kontrastreich aufeinanderprallen.

Unterstreicht die Bild-Unterschrift die Bildaussage, versucht sie durch Zusatzinformation eindeutig zu machen, zu bekräftigen, evtl. auch zu ironisieren, antithetisch zu kommentieren, so nimmt der eigentliche Textteil der Reportage die in der Bilderserie angeschlagene thematische Tendenz sammelnd und ordnend, ergänzend, Schwerpunkte setzend auf und bringt sie auf einen

Gesamtnenner. Der Text ist gewissermaßen das informatorische Gerüst, um das sich die visual-sinnlichen Bildaussagen einhüllend legen.

Eine spezielle Sonderform der Bild-Reportage bietet die *Bunte*. Sie lebt fast ausschließlich von den im Druck brillant wiedergegebenen Farbfotos. Die Bildmontage wird lediglich durch längere Bild-Über-, Unter- und Nebenschriften ergänzt. Hier nähert sich die Illustrierte den Blättern der Yellow-Press. Neben der Bild-Reportage steht der Foto-Essay, der vor allem die Handschrift des Fotografen verrät. Er berichtet und kommentiert fast ausschließlich durch seine Bilder, die er selbst durch wenige Textzeilen ergänzt. In sog. Klatschecken herrschen Einzelbilder vor, die lediglich durch längere Unterschriften ergänzt werden und so eine eigenständige und abgeschlossene Mini-Reportage bilden.

Anfang der 60er Jahre gerieten die Illustrierten in finanzielle Schwierigkeiten. Sie bekamen deutlich die Konkurrenz des Fernsehens zu spüren. Es überlebten *Stern* und *Bunte* (Hilgenstock 1993), während die *Quick* 1992 nach langem Siechtum einging.

Die *Bunte* versteht sich heute als das führende Entertain-Magazin Deutschlands. Sie berichtet aus der Welt des Schönen, der Reichen, der Mächtigen. Sie gibt einen Orientierungsrahmen für die Gesellschaft, beschreibt deren Spielregeln, ist ein Trend-Guide und selbst Gesprächsthema, etwa auf Parties. Was von den Genannten mitgeteilt oder über sie enthüllt wird, ist meilenweit entfernt vom Alltag der Leserschaft. Bei dieser werden die vorhandenen Vorurteile über die Prominenten immer wieder aufs Neue vertieft, vor allem durch die ständig verwendeten sprachlichen Stereotype. Insgesamt sind die Texte zweitrangig. Sie werden erst verfaßt, wenn die Bilder für einen geplanten Artikel vorliegen. Deshalb sind sie überwiegend nur Kommentar zum Bild. Auch der Aktualitätsanspruch ist bildgesteuert. Schon zwanzig Minuten, nachdem ein Foto irgendwo geschossen wurde, kann es in der Redaktion eingescannt und digitalisiert werden. Probleme hat die *Bunte*, wie auch die sonstige Sensationspresse, mit der Veröffentlichung ungenehmigter Bilder Prominenter aus deren Privatsphäre. So mußte sich das Bundesverfassungsgericht im Dezember 1999 mit einer Verfassungsbeschwerde von Prinzessin Caroline von Monaco beschäftigen, in dessen Urteil festgestellt wird, daß „absolute Personen der Zeitgeschichte" Bildveröffentlichungen hinnehmen müssen, die sie in der Öffentlichkeit zeigen. Der Schutz von Kindern sei jedoch zu respektieren (BVerfG, 1 BvR 653/96 v. 15.12.1999).

Eine Sonderentwicklung zeigt sich bei Modezeitschriften. Dominierte dort neben dem Text bis in die sechziger Jahre die Zeichnung (Borrelli 2000), so wurde diese durch Fotos abgelöst. Aufmerksamkeit erregten in den neunziger Jahren die exzentrischen Kampagnen, bei denen Models hingegossen auf Pferderücken saßen oder von Elefantenrüsseln getragen wurden, gestellte Liebesdramen, Mythen oder der Appell an große Gefühle. Neben solchen Foto-Inszenierungen erobert sich jetzt die traditionelle Modezeichnung ihren Platz zurück. Heftiger als die genannten Fotoinszenierungen regen Zeichnungen, auf Papier oder am PC entworfen, die Phantasie des Betrachters an. Ihre Botschaft lautet, daß Stil auch damit zu tun hat, sich selbst neu zu entwerfen.

Die Regenbogen-Presse selbst mit Wochenendblättern wie *Neue Post für die Frau, Das neue Blatt, 7 Tage, 2. Die Zwei, Frau im Spiegel, Praline, Freizeit Revue, Das goldene Blatt* setzt auf bunte Bilder von Prominenten sowie mehr oder weniger erfundene Stories über diese. Wichtig ist der leichte Konsum wie der Appell an die Gefühle.

Für den Markt der Yellow-Press ist es wichtig, junge Leser und Leserinnen an ihre Produkte heranzuführen. Blätter wie *Bravo* haben vor allem diese Funktion. Seriöser als die Regenbogen-Blätter geben sich vor allem Frauenzeitschriften wie *Freundin, Für Sie, Petra, Madam, Cosmopolitan*, überwiegend Bildblätter mit Themen wie Mode, Kosmetik, Wohnen, Kochen, Gesundheit, Lebenshilfe. Emanzipatorischen Anspruch erheben *Emma* und *Courage*.

Bei *Bravo* gilt der Foto-Roman oder die Foto-love-story in Fortsetzungen zu dem mit höchstem finanziellen und gestalterischen Aufwand produzierten redaktionellen Bereich. Die Fotoliebesromane erzählen abgeschlossene oder auf mehrere Episoden verteilte Geschichten des Genres ‚boy meets girl'. Dazu werden jugendliche Darsteller und Darstellerinnen, meist Laien, von einem Profi-Fotografen drehbuchgemäß in Szene gesetzt. Die Redaktion wählt einzelne Fotos aus, bringt sie in eine chronologische Reihenfolge, versieht sie mit Sprech- oder Denkblasen und teilweise mit Untertexten. Die Anordnung der Bilder im Blatt erfolgt so, daß diese wie Schnappschüsse herumliegen, was Privatheit suggerieren soll. Die scheinbare Authentizität, die unmittelbare Präsenz der Fotos und ihre psychische Kraft ermöglichen den Lesern und Leserinnen die Identität mit den ihnen unbekannten Helden und Heldinnen der Geschichten. Das mit diesen vermittelte Welt- und Gesellschaftsbild wird von den Jugendlichen unbewußt angeeignet, damit einer kritischen Reflexion entzogen. Zudem geschieht die Vermittlung der Inhalte bei den Foto-Romanen ganz überwiegend über die Körpersprache der Agierenden. Dadurch wird die Rezeption nochmals emotional verstärkt, denn die dominierende Körpersprache unterscheidet sich von der Verbalsprache insofern, als sie zentrale Beziehungsinformationen, vor allem solche im Bereich der Erotik und Sexualität wiedergibt. Die körpersprachlich vermittelten Botschaften werden direkter aufgenommen und in der Regel unmittelbarer, ohne Umwege über ein kritisches Bewußtsein. Dabei werden bei *Bravo* über Jahrzehnte hinweg Klischeevorstellungen und dümmliche Leitbilder verbreitet.

> Mädchen und Jungen erscheinen als vollkommene, polare Gegensätze. Die Jungen sind individuell unterschiedliche ‚Typen' und zeichnen sich durch Leistung, Können und Wissen aus. Sie werden durchweg als aktiv, unabhängig, durchsetzungsfähig, aggressiv, aufmüpfig und erfolgreich charakterisiert. Die weiblichen Rollen lassen sich durchweg dem gleichen Weiblichkeitsklischee zuordnen: Passiv, hilflos, naiv, zurückhaltend, verständnisvoll, duldsam, einfühlsam, hingebungsvoll, anspruchslos, selbstlos, abhängig.

Jungen erfahren ständig Selbstbestätigung, sowohl durch ihre eigenen Leistungen als auch durch die Bewunderung und die permanente Unterwerfung der Mädchen. Mädchen sind allein auf die ‚Anerkennung' der Jugend angewiesen, die sie jedoch nur für äußerliche Merkmale und unterwürfiges Verhalten ernten. Aktive, selbstbewußte, erfolgreiche weibliche Vorbilder, die zur Ausbildung oder Stärkung des weiblichen Selbstbewußtseins beitragen könnten, werden ihnen nicht zur Verfügung gestellt. Freiräume für die Entwicklung eigener, unabhängiger Vorstellungen werden ihnen nicht eröffnet (Mühlen Achs 1997, 34f.).

Wie der *Spiegel* durch *Focus*, so hat *Bravo* durch *Yam!* inzwischen Konkurrenz erhalten.

Bevor Kinder und Jugendliche aber *Bravo* entdecken, bieten ihnen zahlreiche auf sie zugeschnittene Zeitschriften geistige Anregungen. Für Kinder sind Bilder ein entscheidender Leseanreiz. Viele Illustrationen stimulieren zur Lektüre oder ergänzen diese. In Zeitschriften für Leseanfänger findet sich eine Text-Bild-Relation von bis zu 70 zu 30 Prozent, von 25 zu 75 Prozent dagegen in Zeitschriften für ältere Kinder (Sommer 1994, 142). Die Formen variieren. Sie reichen von realistischen Buntstiftskizzen über kolorierte Federzeichnungen bis zu Aquarell und zur Fotografie. Für kleine Mädchen sind Serien gedacht, die in einer sehr lieblichen, zarten Art gezeichnet sind. Die Helden tragen eine reiche Lockenpracht und reich verzierte Kleider, haben große Augen und sind durch eine pastellartige Farbgebung gekennzeichnet.

Der Versuch, in den Anzeigenmarkt der Illustrierten einzudringen, führte die Zeitungsverleger dazu, ihren Zeitungen sog. Supplements beizugeben. Dabei entwickelten sich seit Anfang der siebziger Jahre immer eigenständiger werdende Magazine, oft farbig, in Heftformat und im Kupfertiefdruck auf Papier von höchster Qualität. Redaktionell bedeutet dieser Trend eine Diversifizierung der Tageszeitung, ein Mehr für die Leser und vor allem für die Betrachter. Während etwa bei der *Zeit* sich das *Zeit Magazin* nicht rechnete, richtete die *Frankfurter Rundschau* im April 2000 ein Wochenend-‚Magazin' ein, das dem Vorbild des ‚Leben'-Teils der *Zeit* folgt. Im Spezialbereich der sog. Programm-Supplements erhielten die Hörfunk- und Fernsehprogrammzeitschriften Konkurrenz. Die Illustrierte *Stern* schlug insofern zurück, als jedem Exemplar das *Stern-TV-Magazin* beigelegt wird.

Nach dem Auslaufen des Illustrierten-Booms folgte ein solcher der Special-Interest-Zeitschriften. Sie wenden sich an ein spezielles Zielpublikum, etwa an ein solches für Technik, Elektronik, Computer, bedienen also bereits bestehende spezialisierte Sozialwelten oder tragen zur Ausbildung von solchen bei. Mit ihnen läßt sich gezielt Werbung für Spezialprodukte machen.

Nachdem zwischen 1947 und 1993 mehr als fünfzig Versuche scheiterten, dem *Spiegel* Konkurrenz zu machen, gelang dies seit 1993 dem Burda-Verlag mit *Focus. Das Moderne Nachrichtenmagazin.* Dieses setzte voll auf Visualisierung, bot als erste deutsche Zeitschrift einen durchgängigen Vierfarbdruck sowie eine konsequente infografische Aufbereitung der mitgeteilten Informationen. *Focus* sieht sich als „Informations-Navigator", der konzipiert ist „für Menschen mit einem hohen Informationsbedarf, [...] die jedoch nur über ein knappes Zeitbudget verfügen", für „Meinungsbildner und Entscheider unserer Gesellschaft", kurzum für die sogenannte „Info-Elite", „die sich durch extensive Mediennutzung auszeichnet." Informationen sollen nach dem Werbeslogan „Fakten, Fakten, Fakten, und immer an die Leser denken" einen direkten Nutzwert haben und das Wichtigste schnell auf den Punkt bringen: „Wichtige Stilmittel sind eine klare, präzise Sprache, Grafiken und Photos zur präzisen anschaulichen Darstellung komplexer Sachverhalte und Farbe als Markierungs- und Unterscheidungsmittel" (Burda 1994).

Helmut Markwort, der Chefredakteur, versucht in seinem Magazin eine „neue, visuelle Erzählform" zu verwirklichen, die die einzig angemessene Präsentation sein kann, um den veränderten Bedürfnissen und Rezeptionsgewohnheiten der Computergeneration zu entsprechen. Dem infografischen Ansatz liegt das sog. Textdesign-Konzept zugrunde. Dieses faßt die drei Informationskanäle, Text, Bild und Grafik, die zusammen ein sog. Cluster bilden, als gleichrangig auf. Die Informationsvermittlung wird also auf die drei Kanäle aufgeteilt. Dies soll dem Leser erstens einen individuellen Einstieg bieten. Zweitens soll gewährleistet sein, daß auch dann noch möglichst viel Information beim Nutzer hängenbleibt, wenn dieser den Text lediglich überfliegt. Insgesamt soll den Käufern ein rascherer Zugriff auf den Heftinhalt ermöglicht werden, als dies beim traditionellen Magazin, etwa dem *Spiegel*, möglich wäre. Das Erscheinungs- und Gestaltungsbild des *Focus* resultiert damit aus den angestrebten Kommunikationszielen, seiner Orientierung an den Nutzern, die sich wenig Zeit zum Lesen nehmen können oder wollen. *Focus*-Titel haben meist einen dunklen Hintergrund, vor dem sich die Darstellung hell abhebt. Der Betrachter kann daraus ableiten, daß im Heft Dinge enthüllt werden. Er erwartet also einen Enthüllungs-Journalismus.

Der Erfolg des *Focus* und der Verlust an Auflage (9,5 Prozent im ersten Quartal 1994) und an Anzeigenseiten (rund 15 Prozent im Jahr 1993) veranlaßten die *Spiegel*-Redaktion, rascher über geplante Reformen nachzudenken, die bislang immer zurückgestellt wurden, weil es ja keinen Konkurrenzdruck gab. Als erstes tauchen Farbbilder da auf, wo bisher nur die Anzeigen bunt waren. Dann wird ein ‚Gesellschafts-Ressort' installiert, das ähnlich bunte Themen aufgreifen soll wie der *Focus*. Schließlich werden Spartentitel wie ‚Briefe', ‚Inhalt', ‚Deutschland' in ein sattes Rot getaucht. *Spiegel*-Beiträge, die eine durchschnittliche Länge von 2,2 Seiten umfassen, bestehen zu mehr als 70 Prozent aus Text. Bei *Focus* beträgt der Textanteil etwa 53 Prozent bei einer durchschnittlichen Artikellänge von 1,9 Seiten. Ein durchschnittlicher *Spiegel*-Satz umfaßt 18 Worte, ein solcher bei *Focus* nur 15. Während sich im *Spiegel* durchschnittlich drei Bilder pro Artikel finden, sind es bei *Focus* fünf. Infografische Elemente enthält ein *Focus* etwa 60 je Ausgabe; beim *Spiegel* finden sich nur acht. Der *Spiegel* liefert vor allem exklusive Informationen und bereitet diese ausführlich auf. Er zielt auf möglichste Vollständigkeit der angebotenen Themen. Die beim *Focus* propagierte Komprimierung führt zu einem Mangel an Informativität. Vernachlässigt werden oft Ursachen, Entwicklungen und Hintergründe. Eher richtet sich das Augenmerk auf mögliche Auswirkungen und Konsequenzen. Das, was Nachrichtenmagazine traditionellerweise leisten sollten und wollten, nämlich Orientierung zu geben, die Themen einzuordnen, die Ereignisse vor dem politischen, personellen oder historischen Hintergrund nachvollziehbar werden zu lassen, das Thema in einen größeren Zusammenhang zu bringen, leistet nur der *Spiegel*.

Eine mögliche Entwicklung weg vom Nachrichtenmagazin hin in Richtung Kult- und Trendzeitschrift schien das US-Polit-Magazin *George* zu zeigen, das seit 1995 erschien, von John F. Kennedy jr. herausgegeben wurde und Politik als „weiteren Aspekt der Popkultur" sah. 2001 wurde es eingestellt.

Inzwischen nehmen es auch andere Zeitschriftenarten an optischer Opulenz mit den Publikumsblättern auf. So bringt die Kundenzeitschrift *Leica World* zweimal im Jahr Bilderserien klassischer Leica-Fotografen sowie aktuelle, etwa einen Zyklus über Psychiatrie-Patienten. Auch das Surfmagazin *Menu* von Windsurfing Chiemsee wirbt für sich mit brillianter Optik. Reich bebildert sind die Auto-Kundenzeitschriften. So bietet etwa das *BMW-Magazin* eine luxuriöse Gestaltung bei zielgruppengenauem Inhalt.

Wo Zeitschriften Absatzprobleme haben, versuchen sie, ebenso wie die Zeitungen, durch konzeptionelle Veränderungen Kunden zu erhalten oder neue zu gewinnen. Am weitesten gehen die Veränderungen beim Relaunch. So wurde 1995 die Programmzeitschrift *Bildwoche* des Springer-Verlags durch ein neues Layout verändert. Vor allem durch großformatige Fotos wurde die Gestaltung hochwertiger, was die Käuferinnen wieder anzog. Kleinere Veränderungen geschehen ständig bei den Publikumszeitschriften. Meist betreffen sie die Titelblätter, die optisch eindrucksvoller gestaltet werden. Sonst wird die Zahl an Farbbildern erhöht, werden neue Schriftarten eingesetzt. Ziel ist eine ständige Modernisierung.

4.3. Buch

Über die Jahrhunderte hinweg sind Illustrationen in einem Buch dem Text funktionell untergeordnet, erläutern ihn mit den bildlichen Mitteln, bedeuten eine mehr oder weniger entbehrliche Beigabe. Spezialfälle sind die Bildromane des Rudolphe Toepffer, etwa *Monsieur Jabot*, Genf 1833, bei denen karikierende Strichzeichnungen ergänzt werden durch kurze erklärende Untertexte. Beeinflußt von ihm sind die satirisch-kritischen *Taten und Meinungen des Herrn*

Piepmeyer von Johann Hermann Detmoldt und Adolf Schrödter von 1848 sowie der zynische Band *La Sainte Russie* von Gustave Doré (1854). Ebenfalls auf der Einheit von Bild und Wort aufgebaut sind die beiden Welterfolge *Struwwelpeter* von Heinrich Hoffmann (1847) und *Max und Moritz* von Wilhelm Busch (1865).

Seit in England (William Henry Fox Talbot, Pencil of Nature, 1844-46) und Frankreich ab 1851 fotografisch illustrierte Bücher erschienen, wurde der Bild-Bestandteil zunehmend selbständiger, gewichtiger, kam ihm eine größere Bedeutung für die Konstitution des Ganzen zu, so daß heute bei Bildbänden nicht mehr eigentlich von Illustration die Rede sein kann.

In den Bereich der Bibliophilie gehören die Malerbücher, in denen große internationale Künstler (Miro, Braque, Matisse, Kokoschka, Slevogt, Grieshaber u.a.) Impressionen zu den Texten geben.

Die in Zeitschriften zuerst auftauchenden Wort-Bild-Formen wie der Bildbericht, der Fotoroman und andere Formen der Bildergeschichten, vor allem der Comic strip, gibt es auch in Buchform, wo sie einen Teil der Produktion von ‚illustrierten' Büchern ausmachen. Hier sind die Bilder nicht mehr Beigabe zu einem in sich geschlossenen Text, sondern integraler, konstitutiver Teil des Gesamttextes. Eine solche mittragende Bedeutung haben Bilder vielfach auch in Kinder- und Jugendbüchern. Maßgeblich sind dann didaktische Ziele, während sonst Ausstattungs- oder Repräsentationsüberlegungen maßgeblich werden, denn das Kleinkind-Bilderbuch übernimmt zuerst die kommunikativen Funktionen des Wiedererkennens und Benennens der bildlich dargestellten Gegenstände. Über die Verbalisierung des Wahrgenommenen erreicht es erste Kenntnisse visueller Eigenheiten und Strukturen (Halbey 1997; Ries 1992; Baumgärtner/Schmidt 1991; Thiele 1991; Haas ^{3}1984; Hann 1977; Doderer/Müller 1973). Eine Ausnahme machen Bilderbücher wie *Das kleine Blau und das kleine Gelb* von Leo Leonni (1962), das eine Geschichte ohne gegenständliche Darstellungen erzählt. Ein blauer und ein gelber Papierfetzen begegnen sich. Sie teilen ihren Kummer, schließen Freundschaft und erleben, daß eine Verbindung ihrer Farben Grün ergibt. Insgesamt werden in Bilderbüchern Kinder früh mit Bild-Text-Kombinationen konfrontiert. Da Kinder noch nicht lesen können, entdecken sie Gegenstände und Geschichten in den Bildern. Sie entschlüsseln diese und bringen das Entdeckte mit dem vorgelesenen Text in Einklang. Erfahrung und Wissen werden so über die Bilderbücher angeeignet. Auch in Kinder- und Jugendbüchern sind die der unmittelbaren Anschauung dienenden Illustrationen in der Regel mehr als nur visuell wiederholte Textinformation. Die Bilder regen die Phantasietätigkeit an oder stellen Verbindungen zu den Erfahrungen der Alltagswelt her. (Eine eingehende Text- sowie Text-Bild-Analyse zum Kinderbuch *Die Sonne scheint* von Mohr-Möller, V., Pixi Buch No.153, Reinbek bei Hamburg 1969: Carlsen, findet sich bei Kegel/Saile 1975).

Spannend ist die Frage der Illustration dort, wo bei bestimmten Büchern nicht klar ist, ob sie für Kinder, für Jugendliche oder für Erwachsene kreiert oder gestaltet wurden. Ein Beispiel ist der „Roman" von Walter Moers *Die 13½ Leben des Käpt'n Blaubär. Die halben Lebenserinnerungen eines Seebären mit zahlreichen Illustrationen und unter Benutzung des „Lexikons der erklärungsbedürftigen Wunder, Daseinsformen und Phänomene Zamoniens und Umgebung" von Prof. Dr. Abdul Nachtigaller*, Frankfurt a. M. 1999. Der Band bietet auf insgesamt 703 Seiten 296 Bilder. Davon sind 14 Titelvignetten, 150 Textvignetten, 83 textintegrierte Illustrationen, 21 ganzseitige Zeichnungen, 8 Doppelseiten und 20 Randillustrationen. Alle Bilder sind vom Autor, einem bekannten Comic-Zeichner, selbst gestaltet, innovativ und wahren die möglichste Nähe zum Text. Alle Illustrationen sind klar konturiert und einfach strukturiert. Sie entsprechen daher dem kindlichen Auffassungsvermögen. Der Schwerpunkt liegt bei der Darstellung der Romanhandlung und vor allem der diese tragenden Figuren. Diese hat Moers, wie in seinen Comics, karikaturenähnlich gestaltet, womit der Illustrationsstil sehr gut den komisch-phantastischen Text ergänzt. Die Visualisierung geht in den meisten Fällen, gerade bei der Figurendarstellung, über den Text hinaus, da die gezeichneten phantastischen Wesen durch Text gar nicht vollständig beschreibbar sind. Insofern erweitern die Illustrationen den Horizont des Lesers. Die klare Aufgliederung des Textes in kurze Abschnitte, Schriftgröße und -varianz, ein weiter Zeilenabstand und ähnliche graphische Merkmale erleichtern Kindern die Lektüre, sind aber noch mehr auf Jugendliche zugeschnitten. Das Sprachniveau ist stärker ausgerichtet auf Erwachsene, kann also auch diese Käufer- und Leserschicht anziehen.

Wenn während der Weimarer Republik und der NS-Zeit einem Buch zur Erläuterung bzw. zum besseren Verständnis des Inhalts Bilder, vor allem Fotografien beigegeben waren, so wurden diese, meist auf glänzend-glattem Papier gedruckt und damit qualitativ schlecht, gemeinsam auf mehreren Seiten zusammengefaßt und irgendwo zwischen die Textseiten gesteckt. Sie waren also nicht dort, wo sie den Text illustrieren sollten.

Nach 1945 bekamen Bücher mehr Bilder auf besserem Papier und einen Platz, wo sie eine Funktion übernahmen. Texte und Bilder entstammen überwiegend dem gleichen Stoffkreis, was nicht bedeutet, daß sich nebeneinander angeordnete Bilder und Textteile unmittelbar aufeinander beziehen. Sie müssen sich weder in den Stoff teilen, etwa indem die Bilder die Personen zeigen, die im Text agieren, noch müssen sie ihrer Faktur nach aufeinander bezogen sein, etwa indem im Text Fehlendes ergänzt wird. Der Zusammenhang kann sehr eng sein, aber auch sehr lose. Der 1949, bald nach der Währungsreform erscheinende erste deutsche Bestseller der Nachkriegszeit *Götter, Gräber und Gelehrte. Roman der Archäologie* von C. W. Ceram (Marek) ist noch spärlich bebildert. Er wird 1957 ergänzt durch den Band *Götter, Gräber und Gelehrte im Bild*, der 310 Abbildungen in Tiefdruck und 16 Farbtafeln enthält. Sehr großen Erfolg erzielten die Bildbände zu großen Sportereignissen, zu den Olympiaden oder Fußballweltmeisterschaften. 1950 werden die ersten vier mit bunten Umschlägen versehenen rororo-Taschenbücher ausgeliefert. 1965 ruft der französische Literatur-Soziologe Robert Escarpit die ‚Revolution des Buches' aus und meint damit den bunten Massenmarkt der Taschenbücher.

Technisch hat sich beim Druck von Bildern in den letzten vierzig Jahren eine Veränderung, ja eine Revolution vollzogen. Farbabbildungen in den Büchern wurden immer besser, immer detailgenauer und originalgetreuer. Schwarz-weiß-Abbildungen sahen lange Zeit eher grau in grau als schwarz-weiß aus, waren aber einigermaßen gut erkennbar. Manche Klischeeanstalt konnte gute Farbsätze herstellen. Andere konnten besonders gut ‚weiche', in zarten Grautonabstufungen mit unmerklichen Übergängen angelegte Schwarz-weiß-Vorlagen ätzen. Andere bewältigten besonders gut extreme Hell-Dunkel-Vorlagen. Kunst des Verlegers war es deshalb, genau die Klischeeanlage auszusuchen, die seine Vorstellungen am genauesten erfüllte. Beim heute verwendeten Offset-Druck wird kein Metall-Klischee mehr erstellt, das das gedruckte Bild kräftiger und klarer auf dem Papier erscheinen ließ, sondern ein Film, der auf die Druckplatte kopiert wird. Der Scanner mißt die Grauwerte von Schwarz-weiß-Vorlagen oder die Farbwerte von farbigen Vorlagen, rechnet sie um und zerlegt sie in entsprechend große Druckpunkte. Korrekturen können mit Korrekturprogrammen vorgenommen, Bildteile ergänzt oder verändert werden. Diese Revolutionierung der Reproduktionstechnik hat die Möglichkeiten der Buchgestaltung kaum verändert. Sie wirkt sich in erster Linie durch eine bessere Qualitätsgewinnung aus. Die Reproqualität von Farbabbildungen bei Sach-, Schulbüchern oder Reiseführern ist heute von der Art, wie sie früher anspruchsvollsten Kunstbänden vorbehalten war.

Literarisch-ästhetisches Interesse wird vor allem dort geweckt, wo sich Wort-Bild-Konstruktionen als Mittel oder Gegenstand agitatorischer oder künstlerischer Tätigkeit zeigen, etwa in Ernst Friedrichs *Krieg dem Kriege! Guerre à la Guerre! War against War! Oorlog an den Oorlog!* von 1924, Kurt Tucholskys und John Heartfields *Deutschland, Deutschland über alles. Ein Bilderbuch* von 1929, in Karl Rössings *Mein Vorurteil gegen diese Zeit*, das 1932 erschien mit 100 Holzschnitten, in Bert Brechts *Kriegsfibel* von 1945 bzw. 1955, oder in Rolf Dieter Brinkmanns Journal *Rom, Blicke* von 1979, das mit einer Fülle von Bildmaterial durchsetzt ist bzw. in dessen Gedichtesammlung *Westwärts 1 & 2* (1975), die von umfangreichen Fotofolgen eingerahmt ist (vgl. auch den Band *Der Film in Worten. Prosa, Erzählungen, Essays, Hörspiele, Fotos, Collagen 1965–1974*, Reinbek bei Hamburg 1982. Schäfer 1998). Andere Autoren wie Peter Handke (*Als das Wünschen noch geholfen hat*, 1974) oder Jochen Gerz (*Die Zeit der Beschreibung*, 3 Bde. 1974–1980) wären anzuführen.

Kunstwissenschaftliche Werke vermitteln mittels Fotografien von Bildern ausschließlich Wissen über bildliche Gegenstände. Sie kommunizieren visuelle Kommunikation über visuelle Kommunikation. Seit 1979 produzieren Spezial-Verlage Kunstliteratur neben Kinderbüchern und Nachschlagewerken billig für das sog. Moderne Antiquariat. Seither beziehen auch immer mehr Bücher ihre Inhalte und ihre Publizität nicht mehr aus sich selbst, sondern aus dem Fernsehen, dem Kino, der Musikszene oder dem Computerwesen. Der Bogen reicht von den Klassikerausgaben aus Anlaß einer Verfilmung, über Filmbücher (*Jurassic Park*), Seriengeschichten (*Akte X*) zu Büchern von TV-Stars, etwa Alfred Biolek, oder Film-Stars, etwa Hildegard Knef. Die Visualisierung geht der Lektüre voraus, das Buchmedium wird zum Sekundärmedium und ist nur als solches erfolgreich. Bücher, die im wesentlichen die Texte zu erfolgreichen Fernsehsendungen ihrer Autoren enthalten, sind seit den achtziger Jahren im Trend. Spätestens seit *Dallas* und *Denver Clan* versuchen Verleger mit dem ‚Buch zur Fernsehserie' das große Geschäft zu machen. Die Bände springen dem Besucher von Buchhandlungen in die Augen, weil sie auf den Umschlägen mit grellen Fotos der Serienstars werben. Manchmal geraten dann Bücher, wie etwa der Band *Schwert des Islam* von Peter Scholl-Latour (München 1991), zu wahren Bilderbüchern, weil sie nicht nur reichhaltigst illustriert sind, sondern in der Art ihrer Berichterstattung oder Erzählung filmische Elemente und eine außerordentlich bildreiche Sprache verwenden. Neben die Filmbilder treten Pressefotos, Archivaufnahmen, Karten, Zeichnungen, Miniaturen und Karikaturen. Auf jeder Seite ist mindestens ein Bild zu betrachten. Da die meisten Illustrationen Aktionen zeigen, vor allem solche von Aufruhr und Hektik, entsteht der Eindruck permanenter Aktivität, wird eine rastlose, aggressive und fanatisierte Welt vorgeführt. Wo Bilder selbst friedlich wirken, erzeugt der Begleittext deren ‚Entfriedlichung'.

Bei Reiseführern hat sich innerhalb des 20. Jahrhunderts eine bedeutsame Wandlung vollzogen. In der ersten Hälfte gibt es entweder gar keine Bilder, weder in Form von Fotos, Zeichnungen oder Skizzen. Beigegeben sind Faltpläne, die teilweise farbig ausgestaltet sind. Erst ab den fünfziger Jahren erscheinen Fotos, farbig fast stets nur auf dem Umschlag, sonst schwarz-weiß und meist recht klein. Die Textgestaltung wird übersichtlich und optisch ansprechend. Durch Symbole wird versucht, dem Nutzer Orientierungshilfe zu bieten. Manchmal geht der Einsatz der Symbole aber zu weit, da durch sie eine Überfrachtung durch Information eintritt. Zu den Fotos treten Zeichnungen, die aber wenig Erklärungsinhalte besitzen. Sie dienen einer Durchbrechung der Bleiwüste. Im Vordergrund steht beim Reiseführer dann nicht die Information über die Zielgegend, sondern das Buch hat die Aufgabe, Vorfreude zu wecken und auf eine bevorzugte Reisegegend aufmerksam zu machen.

Moderne Reiseführer enthalten eine Vielzahl von Karten und Plänen (Länder-, Verkehrs-, Stadt- oder Stadtteilpläne), die ausreichend groß ausfallen und farbig gestaltet sind. Schwarz-weiß-Fotos illustrieren den Fließtext, während Farbseiten meist gebündelt werden. Im Text gibt es oft farbige Unterlegungen oder farbig abgehobene Sonderseiten. Besondere Attraktionen ziehen in einem Kasten die besondere Aufmerksamkeit an. Zahlenleitsysteme verweisen etwa auf vorgeschlagene Wander- oder Ausflugstouren. Eindeutige Symbole machen im Fließtext auf Besonderheiten, etwa günstige Einkaufsmöglichkeiten, aufmerksam. Vorherrschend sind also Visualisierung und Modularisierung, häufig auf Kosten der harten Information.

Ganz auf das Visuelle setzen Reiseführer wie *Dumont Visuell*, *Vis à vis* oder *Apaguides*. Sie eignen sich vor allem dazu, sich mit den vielen Farbbildern einzustimmen auf eine Wunschreise, sich kulinarisch bezaubern zu lassen. Vor Ort bieten sie zu wenig Informatives, Nützliches. Bei *Vis à vis* ist der Fließtext weitestgehend aufgehoben. Zentrum der Doppelseite bildet oft eine räumliche Darstellung (Computeranimation) eines Gebäudes, eines Stadtviertels, eines Grundrisses oder eines Stadtplans. Zusatzinformationen in Form von Bild, Text, Tabellen, Infoboxen etc. werden, meist im schrillen Zirkuslayout, herumgruppiert. Der Nutzen solcher Versuche, alles zu visualisieren, bleibt fraglich. Die visuell gezeigte Welt verfälscht weitgehend auch die Wirklichkeit. Sie wirkt vorindustriell. Alle Zeichen der Moderne werden verbannt. Die Bilder vermitteln eine Idylle. Menschen arbeiten in handwerklichen oder bäuerlichen Berufen, feiern Feste, besuchen malerische Märkte und sitzen in Cafes, Restaurants oder vor solchen. Die Landschaften sind unberührt. Städte bestehen aus historischen Bauten und pittoresken Gassen. Kein Baugerüst, keine Fabrik, kein Wohnblock, kein Reklameschild. Im Bild erscheint also nur Positives, während in den Texten schon einmal auf Umwelt-, Abfall- oder Verkehrsprobleme verwiesen wird. Texte bleiben Träger der Information, Farbbilder solche der Emotion, während Schwarz-weiß-Bilder und Zeichnungen oft dazwischen vermitteln.

Zu den Reiseführern treten Museumsführer, Ausstellungskataloge, Bildberichte über Politiker, Forscher, Entdecker, Seefahrer, Dichter, Künstler, Komponisten, außerdem reich visualisierte Ratgeber für Garten, Pflanzenzucht (Kakteen, Orchideen), Herbarien, Aquarien, Antiquitäten, Möbel, Modellbau, Handarbeiten usw.

Auch bei den Schulbüchern ist der Trend zur Visualisierung unübersehbar. Immer mehr Bilder auf einer Schulbuchseite stehen immer weniger komplexen Texten gegenüber. Im Zeitalter der Neuen Medien sind es Schüler kaum mehr gewohnt, lange Texte ohne eine entsprechende Bildvorgabe oder -begleitung zu lesen. Die Entwicklung setzt ebenfalls nach dem Ende des Zweiten Weltkrieges ein, führt über Schwarz-weiß-Fotos zu Farbbildern, farbigen Grafiken und Karten. Bildunterschriften sind für Kinder und Jugendliche besonders wichtig, da diese nur zusammen mit dem Gezeigten Sinn ergeben. Farbige Markierungen, Hinweise, Balken verweisen auf Quellen, Aufgaben oder Worterklärungen. In manchen Büchern werden visuell ausgerichtete Projekte vorgeschlagen. Schüler werden heute visuell durch Bücher geführt, wobei die Bilder nicht mehr nur unterstützenden Charakter haben, sondern teilweise in den Vordergrund rücken und allein die Wissensvermittlung übernehmen. Schüler müssen die Texte manchmal gar nicht mehr vollständig lesen. Durch die Bilderflut bekommen sie

Buch

wesentlich schneller eine Vorstellung vom Lerninhalt, der dann jedoch häufig an der Oberfläche bleibt. Bilder nehmen neben der Wissensvermittlung zusätzlich auch Aufgaben wahr wie Orientierung oder Nachbereitung.

In Nachschlagewerken wie etwa Enzyklopädien, Sprachwörterbüchern oder Bildwörterbüchern wird über Bilder versucht, den abstrakteren Text zu veranschaulichen. Wiedergegeben werden das Aussehen, d. h. Form und Farbe von Gegenständen und ihrer Teile, sowie deren Organisation analog der Realität. Durch das Hinzufügen einer Illustration kann der Text im allgemeinen knapper oder genereller gehalten werden. Das Bild konkretisiert die textuelle Aussage vor allem für solche Nutzer, die kein oder wenig Vorwissen, bezogen auf den vorgestellten Gegenstand, besitzen. Kommt noch ein von einem Künstler wie André Heller entworfener Einband hinzu wie bei der Brockhaus *Enzyklopädie 2000*, wird das Nachschlage- zum Kunstwerk und Spekulationsobjekt. Bei Bildwörterbüchern kann sich der Text auf einen Begriff reduzieren, weil davon ausgegangen wird, daß der Nutzer den Begriff der Ausgangssprache mit Wissen verbindet und daß es ihm das Bild ermöglicht, den fremdsprachlichen Begriff leichter aufzunehmen. Verwendet werden lieber Zeichnungen, da diese generalisierender und abstrakter wirken.

Bildbände werden heute teilweise zu Billigstpreisen angeboten. Die Kölner Verlage Könemann und Taschen produzieren Kunst- oder Fotobände, Koch- und Architekturbücher, Lifestyle-Enzyklopädien oder Kulturschmöker in so großen Massen, daß die begehrten Verkaufsflächen auf den Tischen im Eingangsbereich der Buchhandlungen überquellen. Remittenten gibt es nicht und Verlagswerbung ist unnötig.

Nicht aufzuhalten ist der Trend zum e-book. Handliche Lese-Computer können heute bis zu 100 000 Buchseiten speichern, wiegen ca. 600 Gramm (Pocket-Buch), sind robuster als jeder Laptop und haben ein schärferes Schriftbild als der beste Monitor. Aufgeladen wird in der ‚Tankstelle' Buchhandlung oder aus dem Internet. Die gespeicherten Bücher sind permanent abrufbar. Sie können gelöscht werden, sind aber nach dem augenblicklichen Stand der Technik nicht weiterkopierbar.

4.4. Plakat – Anzeige

Die Semiotisierung der Umwelt gibt dem Plakat seit der Wende vom 19. zum 20. Jahrhundert breiten Raum, vor allem in der Großstadt. Im Plakat war der Text zu Anfang ein Mittel zur Aufhebung der Bildillusion, am Ende ist er geradezu ein Aspekt der Illusionierung.

Die Absicht der Hersteller oder Verbreiter von Plakaten ist es, gezielt eine Handlung bei den Betrachtern auszulösen, z. B. eine Kauf- oder eine Wahlhandlung. Dabei müssen die Designer und Texter davon ausgehen, daß der Werbekontakt bei Plakaten flüchtig, die Aufmerksamkeit der Betrachter selten ungeteilt ist, die Wahrnehmung oft nicht einmal bewußt vorgenommen wird. Obwohl inzwischen durch Großflächen (Megaposter) wie durch beleuchtete und hinterleuchtete Werbeträger die Betrachtungsdauer verlängert wird, lauten die elementaren Forderungen für die Plakatgestaltung: Einfachheit, Übersichtlichkeit, Einprägsamkeit. Diese Forderungen zwingen den Gestalter, Plakatmotive auf schnell aufzunehmende Elemente zu reduzieren. Ob dazu Fotos, Illustrationen oder rein typographische Lösungen gewählt werden, entscheidet allein der Charakter der Werbekampagne, in die das Plakat als Teil der werblichen Maßnahmen eingebettet wird. Die wesentlichen Aussagen sollten im oberen Plakatbereich Platz finden, da parkende Autos oder Passanten häufig den Blick auf den unteren Bereich verstellen. Weiter sollen relevante Elemente der Aussage nicht über die Schnittkanten gelegt werden, an denen das Plakat zusammengeklebt wird. Allzuleicht entstehen dabei ungewollte und unwirksame Effekte.

Werbung ist immer Reduktion auf die wesentlichen Elemente der Aussage, damit diese von den Zielpersonen leicht aufnehm- und behaltbar ist. Für das Plakat gilt das in ganz besonderem Maß. Für den Text bedeutet es, daß er kurz ist, leicht lesbar und eingängig. Deshalb wird er sich im allgemeinen auf eine sloganartige Zeile beschränken, auf den Produktnamen, auf knappste Angaben zum Produkt selbst sowie eventuell noch auf Hinweise zur Herstellerfirma. Bei der Wahlwerbung steht neben dem Slogan der Parteiname auf dem Plakat, bei Personendarstellungen auch noch der Name des oder der Dargestellten.

Wichtig ist, daß die Typographie den Gesetzen des Plakats zu gehorchen hat. Schriftgröße, Schriftart und Farbgebung dienen dem Ziel, auch auf größere Entfernung noch lesbar zu sein. Zudem sind sie in den Rahmen des gestalterischen Charakters der Gesamtkampagne einzugliedern. Im Zeitalter der Corporate Identity, des Corporate Design ist dem Plakat sogar eine ganz besondere Bedeutung beim Kommunizieren des Erscheinungsbildes eines Produkts, einer Dienstleistung, einer Partei oder eines Unternehmens beizumessen.

Bilder sind in der Werbung schnelle Schüsse ins Gehirn. Sie werden mit geringerer gedanklicher Anstrengung verarbeitet als Wörter und Sätze. Sie eignen sich deswegen dazu, Empfänger mit geringem Involvement zu erreichen. Außerdem werden sie besser erinnert als Sprache und haben einen außergewöhnlich starken Einfluß auf das Verhalten der Betrachter. Für den Gestalter eines Plakates ist es deshalb notwendig, zuerst bildlich zu denken. Über das Bild sollen eine Firma, eine Marke, ein Produkt, eine Partei, ein Politiker usw. bekannt gemacht, im Gedächtnis der Zielgruppe, der Konsumenten oder Wähler verankert werden. Daneben gilt es, Sympathie auszulösen, weshalb der Bildreiz auf die Empfänger angenehm zu wirken hat. Weiter soll ein sachliches oder emotionales Profil für die Marke, Firma, Partei usw. aufgebaut werden. Dazu muß das Bild entweder über sachliche Eigenschaften informieren oder emotionale Erlebnisse vermitteln. Diese Aufgaben kann das Bild erfüllen, wenn es über seine Inhalte, über das ausgewählte Motiv wirkt oder über seine aktivierende Gestaltung, d.h. durch die Art, wie es den Konsumenten dargeboten wird. Vor allem durch Kontrast und Farbe, durch überraschende oder überzeugende Komposition läßt sich die Bildwirkung verstärken. Werbeagenturen testen Schlüsselbilder auf ihre Eigenschaft, Markenideen transportieren zu können. So werden mit dem Wort ‚kraftvoll' durchtrainierte Männerkörper und Muskeln assoziiert. Die ‚kräftig schmeckende' HB Light-Zigarette steht auf dem Plakat dann neben einem den kraftvollen Bizeps zeigenden Mann, Nivea-Deo-Flaschen sind dagegen eingehüllt von Federn, denn diese signalisieren Milde und Leichtigkeit.

Informiert wird vor allem, indem reale Eigenschaften, vor allem sachliche Vorteile und Nutzungsmöglichkeiten einer Marke, Firma, eines Produkts, einer Partei oder eines Politikers abgebildet oder herausgestellt werden. Diese Abbildung oder Herausstellung ist im allgemeinen simplifiziert gegenüber der Realität, da das Bild abstrakte Eigenschaften nicht zeigen kann. Gerade diese Simplifizierung, die Reduzierung auf eine Grundeigenschaft, kann aber wesentlich wirkungsvoller, d.h. einprägsamer und verhaltenswirksamer sein, als die präzisere und abstraktere Information über einen Text. Besser als dieser sind Bilder geeignet, emotionale Eindrücke zu vermitteln und Erlebnisse auszulösen. Über Bildmotive werden die Empfänger dann besonders aktiviert, wenn diese vorhandenen emotionalen Schemata entsprechen. Dabei gibt es biologisch vorprogrammierte und kulturübergreifend wirkende Schemata, etwa das Babyschema (Kindchen-Schema) oder das Schema des Helden (Superman), kulturell geprägte Schemata, etwa das Tropen- oder Mittelmeer-Schema, sowie lokal und zielgruppenspezifisch verbreitete Schemata, wie die Skyline von New York oder Frankfurt am Main, das Experten-, Vorbild- oder das Tennisspieler- bzw. Fußballspieler-Schema (Sportlerschema). Schemata können sich im Laufe der Zeit verändern. So wurde das ursprünglich kulturell geprägte Schema ‚Cowboy' zum kulturübergreifenden. Solche Schemata werden von den Werbern aus wissenschaftlichen (kulturanthropologischen, kulturpsychologischen oder soziologischen) Untersuchungen abgeleitet und dann auf Plakaten, Anzeigen etc. verwendet. Die Schemata wirken unterschiedlich stark. Biologisch vorprogrammierte wie das Kindchen-Schema (Baby-Schema), das Augenschema, der nackte männliche oder weibliche Körper wirken auch noch dann sehr stark, wenn vereinfachte Abbildungen (Zeichnungen, Skizzen etc.) eingesetzt werden. Zwischen Bild und Wirklichkeit kann es eine ‚magische Verwandtschaft' geben, denn ein Betrachter kann im Bild geheimnisvolle Begegnungen erleben, etwa exotische Länder oder Weltraumabenteuer.

In der Werbung angebotene Bilder werden von den Betrachtern früher erfaßt als ein beigegebener Text, und sie werden länger betrachtet als der Text. Dabei ist zu beachten, daß Plakate überhaupt nur flüchtig ausgenutzt werden, daß die Betrachtungszeit durchschnittlich bei wenigen Sekunden liegt. Um Aufmerksamkeit zu erregen, müssen Bilder so ausgewählt werden, daß sie die Aufmerksamkeit der Betrachter auf das Zentrum der Werbeaussage, auf das Produkt richten. Konturen, Fluchtlinien, Farbelemente etc. sind also so auszurichten, daß der Blick hingelenkt wird zur zentralen Werbebotschaft. Im visuellen Zentrum des Bildes muß etwas sein, was die Aufmerksamkeit ganz besonders anzieht. In einem Umfeld farbiger Plakate kann ein Schwarz-weiß-Bild möglicherweise besonderes Interesse erregen. Sonst muß die Blicklenkung innerhalb des Bild-Plakats erfolgen. Eine Kochmütze auf einem Kopf kann den für leiblichen Genuß Aufgeschlossenen signalisieren, daß für eine Delikatesse geworben wird.

Wichtig ist, daß Bildmotive, die den Empfänger persönlich ansprechen, zur Beschäftigung mit den Bildern animieren. Die Abbildung eines High-Tech-Gerätes wird den technisch Interessierten ansprechen, während das Bild einer Trauminsel den Urlaubsbedürftigen motiviert. Bilder mit interessierenden Motiven werden intensiver ausgewertet und auch behalten als andere. Besonders starke Wirkung haben Bilder, die mit ‚inneren' Bildern der Betrachter assoziiert werden können. Detailreichtum und gute räumliche Organisation bei Bildern fördern die Einprägsamkeit. Prägen sich die Bilder ein und werden zu ‚Gedächtnisbildern', so beeinflussen sie die Handlungsweise der Konsumenten oder Wähler.

Bilder aktivieren Menschen, sich mit ihnen zu beschäftigen, wenn sie psychisch intensive Reize, emotionale Reize oder überraschende Reize aussenden. Die im Betrachter ausgelöste Aktivierung seiner Aufmerksamkeit sorgt für eine Hinwendung zum Bild, zum Bildkontakt, zur Verarbeitung und Speicherung der aufgenommenen Reize. Es ist aber gefährlich zu überreizen, denn ‚visual distraction' bewirkt die Ablenkung vom Inhalt der Botschaft. Farbige Bildmotive haben bei Plakaten höhere Sympathiewerte als schwarz-weiße, es sei denn, ein Schwarz-weiß-Plakat sticht in einer Umgebung von vielen anderen farbigen besonders hervor. Farben sind optimale Komponenten für die Orientierung. Sie sind die wichtigsten Ordnungsmerkmale bei der Plakatgestaltung in bezug auf die Zuordnung und damit Deutung der Informationen und Botschaften. Farben transportieren deren emotionale Werte. Farben schaffen Klarheit, wecken Assoziationen, rufen Erinnerungen hervor. Farben gehören weiter zu den Argumentationselementen. Farben können zu Symbolen werden, zu Haus-, Firmen-, Produkt-, Parteifarben. Dann werden sie Fakten, um Inhalte und Botschaften deutlich erkennbar zu machen.

Bei Plakaten sind Farben Signalgeber, die auf weite Distanzen wirken müssen. Auch in der Dämmerung oder bei künstlichem Licht müssen die Farben noch unterscheidbar sein. Deshalb sind einfache und/oder kontrastreiche Töne zu bevorzugen. Menschen verbinden Vorstellungen mit Farben. Blau wirkt auf sie abstrahierend, beruhigend, Souveränität, Aufrichtigkeit, Treue signalisierend, rot dagegen emotionalisierend, gefühlsbetont, Liebe oder Haß, Blut oder Feuer, Dramatik, Erotik, Aktivität, Spontaneität, Macht ausdrückend. Gelb assoziiert Lebenskraft, Hoffnung, Intellekt, Produktivität, Grün Kühle, Gift, aber auch Natürlichkeit, Umwelt und Umweltbewußtsein. Orange zeigt Auffälligkeit um jeden Preis, Eindringlichkeit, Selbstbewußtsein, Rosa Zartheit, Eitelkeit, Lila Zwitterdasein, Narzißmus, Einsamkeit. Weiß bedeutet traditionell Unschuld, Reinheit, Schwarz dagegen Trauer, Zauberei, Distanz, Geheimnis, aber auch Eleganz.

Die Auflistung läßt erkennen, daß Farben wie Rot oder Schwarz stark emphatisch wirken. Grelle Farben werden eingesetzt, um jugendlich, modern, avantgardistisch zu erscheinen.

Bei der Verwendung von Schriften ist die Auswahl von Farben wichtig. Schwarze Schrift auf gelbem Grund hat die beste Fernwirkung. Als Schockfarbe genießt rot besondere Aufmerksamkeit der Gestalter. Rote Schriften haben aber keinen besonders hohen Aufmerksamkeitseffekt. Rotgedruckte Texte werden sogar weniger gelesen als schwarz-weiß gedruckte. Schwarz-weiß Gedrucktes wird als seriös und informativ empfunden. Insgesamt gilt: Je farbiger ein Text, desto schwieriger ist er zu lesen, desto unwichtiger erscheint er im Sinne der Werbebotschaft.

Die durch das Bild im Plakat angebotene visuelle Botschaft ist oft mehrdeutig oder begrifflich nicht klar zu fassen. Außerdem vermittelt das Bild eher konkrete Information als abstrakte. Zudem gibt es mehrere Hersteller ähnlicher Produkte, können abgebildete Menschen nicht immer einer Firma oder Partei zugeordnet werden. Es ist deshalb Aufgabe eines dem Bild beigegebenen Textes bzw. sprachlicher Elemente, die Bildaussage eindeutig(er) zu machen, dem Produkt oder Menschen einen Namen zu geben, der vielleicht zum Markennamen wird, eine Firma, ein Unternehmen, eine Organisation oder eine Partei zu benennen. Zudem kann der sprachliche Kontext eines Bildes die Einstellung, das Involvement oder Interesse des Betrachters zu den Abgebildeten bestimmen oder verändern, die Aufmerksamkeit auf das Bild selbst, auf einen Bildausschnitt oder einzelne Details lenken, die gedankliche Verarbeitung und Speicherung der Information beeinflussen. Werden die Gedanken der Empfänger durch sprachliche Hinweise bereits vor der Wahrnehmung eines Bildes in eine den Bildinhalt betreffende Weise gelenkt, so wird die Aufnahme und Verarbeitung des Bildes erleichtert (Priming-Effekt). Wird der Text ergänzend zum Bild konsumiert, so wird zuerst der mögliche Interpretations- oder Assoziationsspielraum eingeschränkt (Labeling). Eine Wanderin oder Spaziergängerin auf einem Wiesenweg, der in den blauen Horizont hineinführt, kann sportliche Gefühle oder Natureindrücke bzw. -erlebnisse vermitteln. Zusammen mit dem Text ‚Wir machen den Weg frei' gewinnt der Betrachter den Eindruck, das Bild vermittle persönliche Unabhängigkeitsgefühle und solche der Freiheit, was der Auftraggeber, in diesem Falle die Deutschen Genossenschaftsbanken, intendiert. Das an sich ‚offene' Bild wird in seiner Aussage eingeengt, präzisiert, in seiner Aussage für den Betrachter ‚verständlich'. Der Text zwingt dem Betrachter seine Ausdeutungsmöglichkeit auf. Erleichtert werden Bildverständnis und Erinnerungsmöglichkeiten.

Ein das Bild begleitender Text kann als ‚Rahmen' (Frame) betrachtet werden, der den Bildinhalt zur Geltung bringt. Hat ein Bild keinen Text-Rahmen, so spricht man in der Werbeforschung von einem ‚ungerahmten' Bild. Wird ein solches Bild verwendet, so ist die Werbebotschaft entweder im Bild enthalten, braucht also keine Interpretation, oder die Werber nutzen nicht die Möglichkeit, über den Text die visuelle Wirkung zu steigern.

Gerade bei der Voraussetzung für das Plakat, nur flüchtig betrachtet zu werden, ist die präzise Abstimmung von Bild und Text dringendst erforderlich. Eine exotische Landschaft als Bildhintergrund mit einem darin integrierten Marmeladenglas oder einem Auto wird sofort verständlich, wenn der Betrachter den Text liest: „Schmeckt verboten nach Paradies" (Zentis Fruchtaufstrich) bzw. „Made in Paradise" (Renault Clio).

Ist der Text umfangreicher gehalten, so ist es wichtig, daß er eine redundante Wiederholung der bildlichen Aussage enthält, oder daß es zumindest Überlappungen zwischen der bildlichen und der textlichen Aussage gibt. Korrespondiert der Text nicht mit dem Bild, so konzentrieren sich die Betrachter vor allem auf das Bild und ignorieren den Text, werden also bei der Bildauswertung nicht unterstützt. Besonders, wenn anschauliche Bilder von zu abstrakter Information begleitet werden, bleibt letztere meist unbeachtet. Von einem abstrakten Begriff, Satz oder Text gilt es, Brücken zum Bild zu schlagen. Zeigt das Bild einen Mann, der dem Betrachter seine durchlöcherten Schuhe präsentiert, so gibt der Begleittext „Ich geh' meilenweit für eine Camel" (Slogan der Zigarettenmarke Camel) die Assoziierungsmöglichkeit, daß das ‚meilenweit Gehen' durch den Zigarettengenuß belohnt werde.

Einprägsam wird Plakatwerbung dann, wenn neben ausdrucksstarken, ‚sprechenden' Bildern auch eine ausdrucksstarke bzw. bildhafte Sprache verwendet wird. Bildhafte Sprache kann innere Bilder erzeugen, sie kann, länger innerhalb einer Werbekampagne oder mehrerer Kampagnen eingesetzt, bildliche Vorstellungen von einem Produkt, einer Marke, einer Partei oder ihren Politikern verfestigen. Gleichbleibende ‚Schlüsselformeln' prägen ebenso wie Schlüsselbilder eine Marke, die als einprägsamer Nenner bei den Konsumenten immer wieder aktiviert wird. Es müssen längerfristig immer wieder die gleichen grundlegenden Werbebotschaften vermittelt werden. Das ist besonders wichtig bei einem gesättigten Markt, bei dem die Produkte und Dienstleistungen weitgehend austauschbar sind.

Neben der informierenden und zu einer Handlung anreizenden Funktion wird dem Plakat auch eine solche des den Betrachter emanzipierende, ästhetisch bildende und gesellschaftliche Widersprüche scheinbar versöhnende zuerkannt. Neben dem Anspruch auf Massenwirksamkeit und Allgemeinverständnis wohnt dem künstlerisch orientierten Plakat inne, Individualität auszudrücken. In der Koexistenz mit der Wirtschaft, mit den Parteien oder allgemeiner mit allen Auftraggebern entwickeln die Plakatgestalter ein produktives Kreativitätspoten-

tial, das auch von der Kunstwissenschaft und Kunstgeschichte nicht übersehen wird. Erkannt wird, daß die Werbung immer schon ihr Material aus den Traditionen der Pathosformeln und Prägungen, der Figurenbildungen und Rahmenthemen, der vielfältig für Anwandlungen offenen Konzeptionen und Bilder holte. Die Werbung macht für ihre Zwecke verfügbar, was in anderen Kontexten und mit anderen Bedeutungsabsichten gefertigt oder formuliert wurde. Spätestens mit der Pop Art verschwindet die Möglichkeit, Grenzen zwischen Kunst und Werbung zu ziehen. Etwa bei Michael Schirner hat die Übernahme der avanciertesten Ideen der Konzeptkunst Methode. Schirner propagiert, die Werbung sei die wahre Kunst der Gegenwart. Damit wird die Grenze zwischen Kunst und Nicht-Kunst aufgehoben. Dem Werber gehe es darum, die Vermitteltheit, die wechselseitige Verbindung, die Permanenz sich verzahnender, sich überlagernder und verknotender visueller und sprachlicher Zeichen wahrnehmbar zu machen.
Die Plakatwände in den Straßen sind für Schirner Kunst,

> die ausgestellt wird in dem Museum, das alle zehn Tage mit einer neuen Ausstellung eröffnet wird [...] Das Schöne an dieser Kunst ist, daß sie für alle Leute gemacht wird, daß sie jedem etwas sagt, daß sie hilft, schöner zu essen, zu wohnen, zu waschen. Die Kunstwerke sind immer modern. Sie haben keine Zeit zu veralten, weil sie alle zehn Tage neu überklebt werden. Der flotte Wechsel macht sie zu der modernsten Kunst, die es gibt (Schirner 1988, 19).

Das Medium des Plakats ist die Außenwelt, die Umgebung, in der es aufgestellt oder aufgehängt wird. Wollen Plakate in einer Umgebung auffallen, die sich ihnen immer stärker nähert, weil die Städte zu Bilderlandschaften geworden sind, so müssen Bild, Text und die Relation zwischen beiden reduziert werden. Wenn das Straßenbild voll, glatt und heiß ist, muß das Plakatbild leer, rauh und kalt sein. „Plakat ist nahezu null Information." Das Machen von Plakaten sei

> Wegnehmen, Eindampfen, Einschrumpfen, Gefriertrocknen [...] Die Instant-Natur des Plakats komme dabei raus. Ein heißes Werbefoto und das Bild von einem Plakat haben ungefähr so viel Ähnlichkeit wie eine Tasse Kaffee und ein Löffel Kaffeepulver. Plakate sind instant. Was beim Kaffee das Wasser, ist beim Fotografieren das Fleisch oder die Umgebung, die wir wegnehmen. Mit der Umgebung fällt der Hintergrund weg, mit dem Hintergrund die Tiefe, mit der Tiefe der Raum, mit dem Raum alles, was drin ist, einschließlich der Stimmung des Bildes. Vom Foto bleibt dann nicht mehr oder weniger übrig als eins: ein Glas oder eine Hose oder ein Reifen. Es steht auf Weiß, flach, ausgeschnitten, herausgenommen, ausgegrenzt. Je kleiner das Abgebildete, desto größer kann die Abbildung sein. Und je alltäglicher der Gegenstand, desto aufregender ist die Vergrößerung [...] Die Texte auf den Plakaten sind noch reduzierter als die Bilder. Plakattexte werden nicht geschrieben, sondern das Gegenteil von geschrieben: gefeilt, weggestrichen, ausradiert, solange ausgedünnt und ausgemagert, bis nur noch das Skelett oder der Schatten oder der Schatten des Schattens bleibt. Eigentlich ist es

geschmeichelt, wenn man bei Plakaten von Texten redet. Meist sind es nur Wörter. Sounds of Silence. Sie können einen erstaunlichen Lärm machen [...] Plakattexte sind keine Texte zum Lesen, sondern zum Sehen. Sie müssen auf einen Blick und als Ganzes erfaßt werden können. Plakattexte müssen Bilder sein. Textbilder. Viele unserer Plakattexte haben eine Bildstruktur oder eine Textstruktur: „Der Käfer der Käfer", „Der Welt Meister", „VW, VW, VW, VW", „Liebe Sekretärin", „Taille 59, Hüfte 88, Creme 21", „Bau, Steine, Erden. Conti", „Rrrmm, Brrmm, Wrrmm. Conti." Nicht nur Bild und Text, auch die Beziehungen, die sie zueinander haben, können reduziert werden. Zwei Beispiele für reduzierte Bild-Textstrukturen oder Aussagemechanismen möchte ich geben: Aus ein und demselben Bild kann man hundert verschiedene machen, man muß nur zu dem gleichen Bild einen jeweils anderen Text schreiben. Jeder neue Text gibt dem Bild eine neue Bedeutung. Aus ein und demselben Text kann man hundert verschiedene machen, man muß nur jeweils andere Bilder dazu setzen. Jedes neue Bild gibt dem Text eine neue Bedeutung (Schirner 1988, 23).

Je weniger Ausdrucksmittel ein Plakat besitzt, um so mehr aktiviert es bei den Betrachtern Beteiligung und Engagement. „Der Rezipient oder Konsument wird zum Produzenten der Werbung." Er macht es umgekehrt wie der Werber: „Alles, was wir weggenommen haben, fügt er in Gedanken dazu. Er nimmt am kreativen Prozeß teil. Reduzierte Plakate sind Do-it-yourself-Plakate" (Schirner 1988, 23f.).

Mit seinen Plakaten von Aids-Toten, Mafia-Opfern, der blutgetränkten Kleidung eines toten bosnischen Soldaten, mit Porträts von Todeskandidaten aus amerikanischen Gefängnissen usw. hat der italienische Fotograf Oliviero Toscani einen ehemals unbekannten Strickwarenhersteller aus dem Hinterland von Venedig zu einer der fünf bekanntesten Marken der Welt emporgeworben. Toscani verwendet für seine Benetton-Kampagnen nicht nur eigene Kunstfotos, sondern auch solche, die die Firma ankauft. So stammt das Bild des sterbenden Aids-Kranken von der Künstlerin Therese Frare, das im *Life-Magazin* zuerst erschien, dann mit einem Fotopreis ausgezeichnet in einer Ausstellung in Amsterdam präsentiert wurde. Erst dann wurde es von Toscani ausgewählt und mit dem Firmen-Logo ‚United Colors of Benetton' versehen, weil es im Rahmen der Kampagne die Gesellschaft und die Menschen in ihr in extremster Weise auf Krieg, Tod und Krankheit aufmerksam machen kann. Provoziert wird bei den umworbenen Jugendlichen eine Anti-Haltung gegenüber gesellschaftlichen Traditionen. Für die Plakate hat Toscani eine ähnliche Devise wie Schirner: „Sie sind immer sehr einfach, denn alles andere ist nebensächlich" (Toscani 1996; Heidt 1995).

Ein besonderer Stellenwert kommt in der deutschen Plakatszene den Arbeiten des Münchner kreativen Doppel Pierre Mendell und Klaus Oberer zu. Ihre Arbeiten haben internationalen Rang und hängen als ‚Collection Pierre Mendell' im Museum of Modern Art in New York. Die Plakate sind klassisch, kühl, zeitlos und reduziert auf das Wesentliche gestaltet. Auch hier ergibt die hochentwickelte Kunst des Weglassens die expressive Kraft der Aussage. Durch die fehlenden Teile wird ein Vakuum erzeugt, das das Interesse des Betrachters ansaugt und ihn zur Auseinandersetzung mit dem Thema motiviert.

Das Plakat eröffnet den Dialog mit einem möglichen und erwünschten Partner, bemüht sich als Kunstform intensivst um den Rezipienten oder Konsumenten. Es ist die höchste Fähigkeit des Plakatkünstlers, komplexe Botschaften in komprimierter Form exakt und doch allgemeinverständlich zu vermitteln. Kunstplakate bieten sich an als kostenlose Schule des Sehens. Sie tragen zur ästhetischen Sensibilisierung und Erziehung einer breiten Öffentlichkeit bei. Sie erfüllen die so häufig gestellte Forderung, den Elfenbeinturm der Museen und Galerien zu verlassen und die Kunst auf die Straße zu bringen. Indem gute und künstlerisch gestaltete Plakate sich nicht anbiedern, sondern fordern, öffnen sie dem Betrachter neue Wege des Sehens und Verstehens, bringen Menschen mit Kunst und Ästhetik in Verbindung, die sich sonst damit nicht auseinandersetzen.

Inzwischen ist das Plakat dabei, von E-Billboards (elektronischen Bildwänden) verdrängt zu werden. Hier werden bewegte Bilder über das Netz an die Boards verschickt und dort portioniert den Vorbeigehenden oder Davorstehenden angeboten. Neben Werbung bieten sich auch Informationen an. Die Außenwerbung steht damit vor einem neuen Zeitalter.

Die Anzeige läßt dem Betrachter etwas mehr Zeit, die Werbebotschaft aufzunehmen. Sie wendet sich entweder allgemein an den Leser einer Zeitung oder Zeitschrift, häufiger jedoch an bestimmte Zielgruppen innerhalb der Leserschaft. In der Frühzeit der Werbung enthielten Anzeigen ausschließlich Texte, unterschieden sich gestalterisch praktisch nicht vom umgebenden redaktionellen Inhalt. Diese Tatsache wird heute dann genutzt, wenn Anzeigen so in das redaktionelle Umfeld integriert werden, daß der Leser meint, es handle sich nicht um Werbung, sondern um journalistische Information. Die Illustration setzte sich zuerst in Amerika durch, wo etwa Benjamin Franklin in seiner 1728 gegründeten *Pennsylvania Gazette* mit Segelschiffen auf Schiffsanzeigen, mit Brillen auf optische, mit Uhren auf orologische Werbung hinwies. Später werden weisende Hände, Lokomotiven, Windmühlen etc. verwendet. Während in Deutschland im 19. Jahrhundert noch die Devise galt, Reklame habe vor allem solide, d.h. unauffällig und bescheiden zu sein, setzte man in den USA vor allem auf Auffälligkeit und Neugierdeweckung beim Leser. 1891 erschien die erste farbige Anzeige in Amerika im *Milwaukee Journal*. Zu Schlagzeile, Slogan, Lang- oder Kurztext gesellt sich die ‚Human-interest-trademark', die dann auch in Europa übernommen wird, ein visuelles Element, das für die Entwicklung der Anzeigen wichtig wird. Seit 1937 erscheinen ‚Full-Color-Anzeigen'.

Da jede Anzeige in Konkurrenz zu den anderen Anzeigen steht, die eine Zeitung oder eine Zeitschrift enthält, ist es wichtig, daß sie auffällt und sich von den anderen abhebt. Dieses Abheben läßt sich vor allem durch gestalterische oder inhaltliche Neuheit oder ein Anderssein der Erscheinung oder des Auftritts erreichen. So erregt eine Schwarz-Weiß-Anzeige mehr Aufmerksamkeit beim

Durchblättern einer Zeitschrift, wenn auf den Seiten vorher und nachher nur Farbanzeigen plaziert sind. Einfachere und klar gestaltete Anzeigen fesseln Betrachter eher und mehr als solche mit einem komplexen Design. Andererseits muß das Layout in seinem formalen Aufbau Interesse und Spannung wecken, darf also nicht langweilig sein. Unbedruckter weißer Raum gib dem suchenden Auge einen Ruhepunkt, erlaubt es den übrigen Elementen der Werbebotschaft, sich zu entfalten, und vermeidet, daß diese überladen wirken. In natura abgebildete Menschen oder Gegenstände erreichen bei Anzeigen höhere Reaktionszeiten der Betrachter als farbige Zeichnungen, als Schwarz-weiß-Zeichnungen und als Worte. Will der Werber also erreichen, daß seine Botschaft möglichst schnell erkannt wird, so wird er eine Fotografie einsetzen, die einen möglichst deutlich erkennbaren Inhalt hat. Die meist flüchtige Betrachtung einer Anzeige erfordert einfache bildliche Inhalte und ebenso einfache Darstellungen. Die Schlüsselinformationen müssen deutlich erkennbar und im Konzentrat wiedergegeben sein. Verständliche visuelle Darstellungen zeigen den Kern des Sachverhalts und beschränken sich auf das Wesentliche. Alles, was sich von diesem entfernt, sollte weggelassen werden, so vor allem auch komplex strukturierte Hintergründe. Werbebotschaften, die in erster Linie ein Produkt darstellen wollen, um das Produktbild bekannt zu machen, sollten dieses flächig, großzügig und ohne ablenkende Zutaten abbilden, etwa bei wegretuschiertem Hintergrund. Je konzentrierter das Produkt in den Mittelpunkt gerückt wird, je größer es erscheint, um so stärker prägt es sich ein. Ist die Verwendung detailreicher Bilder aus einem triftigen Grund unumgänglich, so muß versucht werden, die wichtigsten und für die Kommunikation relevantesten Einzelheiten hervorzuheben. Dies läßt sich durch Konturierung, Kontrastierung, Stilisierung und ähnliche Methoden erreichen. Für die emotionale Konditionierung der Werbebotschaft, für die Aufnahme und das Einprägen der Produktbedeutungen, ist es wichtig, daß das umworbene Produkt positiv emotional konditioniert wird. Dies kann einmal durch die Art geschehen, wie das Produkt präsentiert wird, vor allem aber durch eine möglichst häufige Präsentation. Wenn Luxusgüter immer wieder im Kontext mit schönen, beneidenswerten Menschen, schönen Dingen in angenehmen Situationen gezeigt werden, wird der Wunsch beim Betrachter entstehen, auch solche Gegenstände zu besitzen.

 Bilder ziehen bei Anzeigen den Blick stärker an als der Text, da das Bild eine höhere Informationsdichte besitzt. Da der Blick sich zuerst auf das Bild richtet, muß es diesem gelingen, die Aufmerksamkeit und das Interesse für die Werbebotschaft zu wecken. Da menschliche Aufmerksamkeit selektiv ist, wird nur betrachtet, was subjektiv anziehend wirkt, was als Information gelten könnte und was zum Betrachten anreizt. Das Bild muß also noch vor der Textinformation dem im Printmedium Herumblätternden deutlich machen, daß es eine Botschaft enthält, die zu konsumieren nützlich ist. Bildliche Inhalte werden schnell erfaßt. Sie werden auch besonders gut behalten. Zur Aktivierung der Konsumenten eignen sich Bilder mit Signalen von hohem Reizwert, etwa durch Farben oder Größe, durch Ästhetik, durch fesselnde oder faszinierende Inhalte. Bilder können eine Suggestivkraft entfalten, sie können enge Verknüpfungen mit den privaten emotionellen Befindlichkeiten der Betrachter eingehen. Sie können Assoziationen wecken, die einen Kaufwunsch auslösen. Bilder können besser als Texte die ganze Gefühlslage bzw. Stimmung des Betrachters beeinflussen. Man kann sich ihnen schlechter entziehen als Texten, die man erst lesen muß.

In der Werbung werden bildlich immer wieder Eindrücke vermittelt, die das umworbene Produkt einbetten in emotional positive Konnotationen, etwa dem von Luxus, von Genuß, von hohem sozialen Status, von Freiheit, von positiven Lebensgefühlen und -werten. Auch die für soziale Appelle wichtigen Bezugspersonen werden immer wieder abgebildet und als Werbeträger präsentiert. Film-, Fernseh-, Mode-, Sportstars oder Adelige suggerieren im Bildzusammenhang mit Luxusprodukten, daß diese notwendig seien, um ähnliche Positionen anzustreben oder zumindest in die Nähe dieser Idole zu gelangen oder sich ihnen nahe zu fühlen.

Werbebilder besitzen meist eine so hohe Anschaulichkeit, wie sie ein Text nie erreichen kann. Besondere räumliche Beziehungen und Zusammenhänge können über das Bild wesentlich einfacher und platzsparender dargestellt werden als durch Text. Zeitliche Zusammenhänge sind dagegen bildlich kaum herzustellen. Die Anschaulichkeit des Bildes kann, besonders bei der Darstellung aktivierender Inhalte, soweit gehen, daß sie praktisch den Stellenwert eines Primärerlebnisses hat. So kann sich der Betrachter eines Bildes, das einen Sportwagen in voller Fahrt zeigt, vorstellen, er säße selbst am Steuer dieses Wagens und sähe die Landschaft an sich vorbeifliegen. Oder man kann sich vorstellen, selbst ein edles Getränk zu konsumieren, wenn man es besonders ästhetisch abgebildet sieht. Bilder sind in der Werbung universaler einzusetzen als Texte, da sie meist in allen Kulturbereichen gleiche Bedeutungen besitzen. Das ist wichtig für weltweit vertriebene Produkte, da der visuelle Erkennungswert in länderübergreifenden Werbekampagnen den Konsumenten eingeprägt werden soll. Ist das Produkt den Menschen werblich vertraut gemacht, werden diese bei Bedarf darauf zurückgreifen. Eine rein visuelle Produktdarstellung hingegen ist wenig sinnvoll, es sei denn, es handelt sich um ein sich längst in den Köpfen eingeprägt habendes Markenprodukt. Zumindest der Markenname, das Logo oder der Name des Herstellers oder Verkäufers sollte das Produkt eindeutig zuweisen. Über weitere Textelemente muß dann ein Zugang zu den zu gewinnenden Interessenten geschaffen werden, muß der Text die Bildaussage monosemieren, d.h. eindeutig machen. Textuell wird argumentiert, indem der Produktnutzen herausgestellt wird. Der Text ist der eigentliche ‚Verkäufer' der angebotenen Ware. Der Text hat die Aufgabe zu überzeugen.

Viele Produkteigenschaften können nicht gezeigt werden, sie sind nur sprachlich darzustellen, zu differenzieren, verbindlich zu machen. Qualität läßt sich textuell absichern, Preise werden fixiert, technische Daten mitgeteilt, Lieferzeiten angegeben, Garantien vereinbart. Geht es um ausführliche, exakte, verbindliche Informationen, müssen sie textuell mitgeteilt werden.

Mit Text wird in der Werbung zu Handlungen aufgefordert, zu Kaufhandlungen animiert, zum Probieren eingeladen, zum Wählen aufgefordert.

Mit der Kombination von Text und Bild in Werbeanzeigen wird die Kommunikation zwischen Werbern und Umworbenen erweitert. Beide Werbeträger können ihre Möglichkeiten ausspielen, sich gegenseitig ergänzen und den Werbeeffekt vergrößern. Wo das Bild eher auf Reizwirkung setzt, als Blickfang dient, aber uneindeutig bleibt, stellt der Text die Klarheit her. Er kommentiert das zu Sehende, weist auf dessen Relevanz hin, verdeutlicht, gibt Auskunft über Wissenswertes und Einzelheiten. Die offene Bildwahrnehmung wird durch den Text gelenkt, gerichtet. Der Betrachter erfährt, worauf er sein Hauptaugenmerk konzentrieren soll. Ist das Bild das emotionale Eingangstor für die Werbebotschaft, soll es vor allem ein Involvement schaffen und ein Thema anreißen, so muß der Text dieses präzisieren, die eindeutige Werbeaussage machen. Bild und Text sollen in einem Spannungsverhältnis zueinander stehen, sich in der Aussage nicht wiederholen. Spannung zwischen Bild und Text wird erreicht, wenn scheinbar Zusammenhangloses in einen neuen, überzeugenden Zusammenhang gebracht wird.

Mit gleichen oder ähnlichen Mitteln wie die Werbung arbeitet auch die Öffentlichkeits- oder Public-Relations-Arbeit. Dabei geht es vor allem um ‚Werbung um öffentliches Vertrauen' für Firmen, Organisationen, Vereine etc. Ihnen soll ein Image, ein Gesicht, eine konkrete Gestalt in der Öffentlichkeit oder zumindest in Teilöffentlichkeiten geschaffen werden. Die Werbestrategien sind langfristiger ausgelegt als in der Konsum- und Wahlwerbung. Es gilt, positive Beziehungen zwischen den um Image Bedachten und den Zielgruppen aufzubauen und zu erhalten, um Verständnis, Akzeptanz, Vertrauen in der Gesellschaft zu erreichen. Ziele sind außerdem, Aufmerksamkeit zu wecken, Transparenz zu schaffen, Geschäftsbeziehungen zu fördern, im Krisen- oder Konfliktfall beruhigend zu wirken oder abzulenken. PR kann sich auch an die Angehörigen der genannten Institutionen wenden, um ein Gemeinschaftsgefühl, ein Wir-Gefühl zu erzeugen und zu Teamgeist und effektiver Mitarbeit zu animieren. Das Streben nach corporate identity verlangt eine corporate langage, vor allem aber auch die Unterstützung durch das den Text illustrierende und dynamisch wirkende Bild.

4.5. Comics und andere Heftchen

Nach Dolle-Weinkauff (1990) sind Comics definiert durch: 1) das gleichzeitige Auftreten von visuellen und verbalen Zeichensystemen sowie die Integration unterschiedlicher Textformen (z. B. Inserttext, Blockkommentar, Sprechblasen, lautmalerische Grafik) in den Gesamtkontext der Darstellung; 2) das Vorhandensein einer Handlung in einer Folge von Einzelbildern und 3) die Serialität. Aus dieser Sicht sind Comics weniger eigenständiges Medium als vielmehr eine spezifische Literaturform, die unabhängig von ihrem jeweiligen Trägermedium zu sehen ist. Die multimediale Verwertung spezifischer Comicfiguren scheint dieser Auffassung Recht zu geben.

Obwohl die wissenschaftliche Erforschung von Comics im Vergleich zu anderen Bereichen der Medienforschung eine weniger bedeutende Rolle spielt, liegen einige Ergebnisse vor, die vor allem die Entwicklung von Comics, deren ökonomische Bedeutung sowie die inhaltlichen Aspekte näher beleuchten. Schon früh spielten Comics in den USA, vor allem aber in Japan eine bedeutende Rolle in der jeweiligen Medienlandschaft. In Deutschland können nach dem Krieg vier unterschiedliche Phasen der Entwicklung von Comics unterschieden werden, die die Etablierung dieser Kommunikationsform auf dem deutschen Markt charakterisieren.

Daß bei Comics keineswegs nur rein visuelle Darbietungsformen im Vordergrund stehen (wie vielfach kritisch angemerkt), belegt eine weitere Studie von Dolle-Weinkauff, die die Bedeutung der unterschiedlichen Textformen analysierte. Inhaltsanalysen zeigen, daß in Comics häufig stereotype Rollen- und Handlungsmuster zu finden sind bzw. gesellschaftskonforme Normen und Werte zum Ausdruck kommen. Über die Wirkung dieser Darstellungen können allerdings nur sehr bedingt Aussagen gemacht werden. In bestimmten Situationen dienen Comics Kindern zum Beispiel als Hilfe und Katalysator zur Bewältigung von realen Alltagserfahrungen und Konflikten.

Comics haben bisher das breiteste Interesse für sprachwissenschaftliche Analysen im Bereich der Heftchenliteratur erweckt. Primär wird herausgestellt, daß in ihnen die Sprache eine stützende Bedeutung habe. Das von und mit ihnen in die Massenmedien eingebrachte Neue seien die sog. Peng-Worte (vgl. Havlik 1981), der Versuch, Geräusche verbal zu simulieren. Während in der Anfangszeit noch umfangreiche Texte Geschichten erzählten, sind diese soweit reduziert worden, „wie zum Verständnis des Handlungsfortgangs unbedingt erforderlich ist" (Glietenberg 1956, 66). ‚Blasengestalten' lassen die spärlichen Dialoge meist aus dem Mund quellen, was lakonische Kürze und Text- bzw. Satzfragmente erfordert.

> Der Sprachstil der Comics, wenn man von einem Stil überhaupt sprechen will, unterwirft sich der Zielsetzung dieser Bildergeschichten in dem gleichen Maße, wie es die

Zeichnungen tun. Er ist von glanzloser Einfachheit und Einfallslosigkeit (Glietenberg 1956, 71).

Der Satzbau ist im allgemeinen einfach, kunstlos, aber korrekt. Diese erste Bestandsaufnahme von 1956 wird ergänzt durch den Hinweis, daß ein Übermaß an Geschehen durch ein Mindestmaß an sprachlichem Material geboten wird. Ausdrucksstarke Wörter stehen in großer Gedrängtheit nebeneinander, wodurch der Inhalt eine hohe Vergegenwärtigung erfährt. Überwiegend werden kurze Sätze verwendet. Satzverbindungen und Satzgefüge sind selten. Auffallend ist die hohe Zahl von Ellipsen, die nur einen sprunghaften Leseablauf gestatten. Die Sätze stehen beziehungslos nebeneinander. Da die Handlung meist von Einzelpersonen getragen wird, machen Befehlsformen, Aussagen in der 1. Person und modale Hilfsverben die Darstellung ‚ich-bezogen'. Den vielen ausdrucksstarken Verben stehen wenige qualitative Angaben gegenüber. Ein hoher Aktionsquotient weist „auf einen energischen Stil hin". Die Handlung springt den Leser an, treibt von einem Höhepunkt zum nächsten, wird vor einem spannenden Ereignis unvermittelt abgebrochen. Die Sprache der Comics wird als „in hohem Maße asozial" bewertet (Welke 1958, 73). Die Text-Bild-Beziehungen werden so dargestellt,

> daß man folgendes für Comics spezifische Gesetz herausarbeiten könne: Das geschriebene Wort (in diesem Fall das geschriebene Wort der Sprechblase) treibt die Entwicklung der Erzählung voran, beherrscht die syntagmatischen Verkettungen, während die Bilder – allein betrachtet, ermöglichen sie nicht das Verständnis des Geschehens – nur die Funktion paradigmatischer Unterstreichung haben. Mit anderen Worten: Die Bilder enthalten das Repertoire der Charaktere, unterstreichen Emotionen, rufen mythische Assoziationen hervor, während die Worte die Handlung vorantreiben und die logischen Beziehungen zwischen den Ereignissen herstellen.

Diese Beziehung kann bei anderen Comics umgekehrt sein.

> Hier sagt uns das Bild, was geschieht, während der Text das Emotionale beisteuert, er hat eine Funktion wie ein Zwischenruf, er sorgt sozusagen für die Paukenschläge, nicht für die Melodie. Auf diese Weise ergaben sich zwei Kategorien von Comics. Bei den einen wird der logische Zusammenhang vom Text, bei den anderen von den Bildern geliefert. Doch das war nur das Prinzip in Reinform. In der Praxis war häufiger die Mischform (Eco 1972, 321; vgl. Kloepfer 1979).

Diese Gesetzmäßigkeit, die Eco von Barthes übernimmt, wird von Hünig nicht akzeptiert, der generell feststellt, „daß es in keinem Fall eine feste Bedeutungsstruktur repräsentischer Taxa gibt" (Hünig 1974, 219). Beide Manifestationsarten, die repräsentische wie die verbale, sind in gleicher Weise für die Erfassung der Inhalte verantwortlich, wenn auch nicht immer gleichzeitig gegeben. Sprache wird in den Comics unterschiedlich eingesetzt. Einmal gibt es „die als gesprochen dargestellte Sprache von Sprechern, die meistens abgebildet, von dem bisherigen Text bekannt sind oder im folgenden vorgestellt werden". Sie kann auch fehlen. Zum anderen gibt es die „als gedacht dargestellte Sprache", die den gleichen Bedingungen wie die gesprochen dargestellte Sprache unterliegt. Hinzu kommen sprachliche Imitationen von Geräuschen, Kommentare eines oder mehrerer Erzähler, Etiketten (Plakataufschriften, Schrift auf der Kleidung etc.), Textbegrenzungsanzeiger und Editorenhinweise (Hünig 1974, 221). Die verbale Komponente ist so stark, daß die Comics von dem Vorurteil freizusprechen seien, ein Medium für Analphabeten zu sein (Hünig 1974, 270).

Die Untersuchungen zur Textualität von Comics führt dann weiter zur Erkenntnis, daß die Einzelpanels, die Einzelsegmente, Elemente des Gesamttextes sind und auf den Text hin adäquat gelesen werden müssen. Trotz Sprechblase, Bewegungslinien und Zeichnung liegt das Besondere der Comics in der Panelfolge, im fortlaufenden Bildertext. Wichtig für das Verständnis der Inhalte sind die Verweisungen, die Verweisketten, die die Kontinuität herstellen.

> Die einzelnen Bildelemente stehen als Handlungszeichen in einer Substitutionskette, als Raumzeichen in einer Zuordnungsfolge. Der Bildertext als geordnete und zusammenhängende Zeichenfolge entsteht aus der Überlagerung dieser Verweisketten, die in jedem Panel verknüpft werden. In den Bildertext können sprachliche Textteile eingefügt werden: Als Sprechblasentexte gehören sie zu Handlungszeichen und sind so ins Bild integriert, als Blocktexte werden sie in die Bilderfolge eingeschaltet oder einzelnen Bildern bzw. Bildelementen zugeordnet. Dies alles geschieht nach festen Regeln, die man zum Teil als Funktionen der Comic-Morpheme (Sprechblase, Panelrand, Blockrand) definieren kann (Krafft 1978, 131).

Aus dem Vergleich von Kupferstichreihen (Hogarth) mit Comics lassen sich weitere Merkmale finden: Die Anweisungen zur Vorstellungsbildung ergeben sich aus der Wechselwirkung zweier Medien. Die in die Bilder eingelagerten oder sie umrandenden Sprachmomente bedingen

> Richtung und Ausmaß intentionaler Leistungen [...] Indem Sprache in ein Interaktionsverhältnis mit den Bildern tritt, wird sie ihrerseits zu einem regulativen Faktor für die Betätigung der Einbildungskraft. Der durch den Bildschnitt eröffnete Spielraum der Kombinierbarkeit wird durch die Art der Verbalisierung umgestaltet. Wenn die Emotionen, Wünsche, Absichten, Haltungen und Wertvorstellungen der Handlungsträger verbalisiert werden, dann bedeutet dies eine Klärung des Dargestellten hinsichtlich der Konflikt- oder Handlungsentwicklung [...] Wozu auch immer die sprachlichen Gestaltungsmittel im individuellen Falle Verwendung finden, so ist ihre prinzipielle Funktion genau bestimmbar. Sie sind die Ursache für eine Vereindeutigung des Abgebildeten. Die Vielfalt seiner möglichen Rezeptionsweisen erfährt eine Einschränkung aufgrund der integrierten Verbalelemente. Sie verarmen das evokative Potential der Bildstruktur, indem sie durch ihre Formulierung eine Aufnahmemöglichkeit explizit favorisieren und damit den gesamten übrigen Bereich virtueller Sinnmomente abblenden. Die in der Auswahl liegende Vorentscheidung hinsichtlich der Konstituierbarkeit wirkt restriktiv

auf die vorstellungsmäßige Beteiligung. Die Mannigfaltigkeit der Beziehungen, die sich aufgrund der Bildanlage vergegenwärtigen läßt, wird auf den Nachvollzug dessen eingeengt, was die Sprache benennt (Schnackerts 1980, 44f.).

Der „Text definiert genau die bildliche Ambiguität" (Herdeg/Pascal 1972, 83). Sprechblasen und Kommentarspalten bieten in knapper Form Handlungserläuterungen, Begründungen, Werturteile, Charakterisierungen sowie Angaben zu Zeit- und Ortswechsel. Auf diese Art definieren sie den Bezug der einzelnen Cartoons und rücken das durch sie Dargestellte in ein Verhältnis zueinander. Der Rezipient braucht das Beziehungsverhältnis nicht wie bei der Bildreihe selbst herzustellen. Die Verbalisierung des Aufnahmevorgangs läßt die Definition zu, Comics seien Bildergeschichen, die gelesen werden. „Die Parallelisierung mit der Lektüre eines Textes trägt dem Umstand Rechnung, daß die sprachlichen Bestandteile bei der Sinnvermittlung eine dominante Rolle spielen" (Schnackerts 1980, 47).

Besonderes Interesse kam dem Sprachproblem in der Comic-Serie *Asterix* zu, vor allem den Fragen des Sprachspiels und der Übersetzungsproblematik. Der französische Text lebt in seiner Gänze von der Doppeldeutigkeit, die heutige Welt und Lebenssphäre des französischen Kleinbürgers durch ein vorgetäuschtes archaisches Sprach- und Klangbild in das Altertum transponiert zu erkennen. Das beginnt bei den Namen der Handlungsträger, den lateinischen Zitaten, die sich aus dem Standardbildungsgut eines durchschnittlichen Lateinschülers rekrutieren, bis hin zu den Wortkreationen, die den heutigen Jargon parodieren.

> Die gleiche Virtuosität, mit der die Klischees des kulturhistorischen Bewußtseins verfremdet werden, durchwaltet auch die anachronistisch-groteske Inszenierung der Sprichwörter, umgangssprachlichen Formeln und sonstigen Verbalstereotypen [...] Die anachronistische Textvertauschung erweist sich als die elementarste Form der komischen Verunsicherung der Sprachwort-Autorität (Stoll 1974, 123f.).

Formelhaften Redewendungen wird ein subtiler Humor entlockt, der in der schillernden Polysemie enthalten ist.

> Von besonders plastischem Reiz sind die Anpassungen metaphorischer Redewendungen an die fingierte Primitivität des epischen Geschehens. Zu den erstarrten Kommunikationsformen, die einer witzigen Auflockerung bedürfen, gehören auch Liedanfänge und Refrains [...] Nicht selten werden Kaskaden von burlesk-absurden Szenen ausgelöst, wenn stereotype Ausdrucksmuster zum Zweck ihrer Parodierung ‚dramatisiert' werden. Die so auseinander hervorgehenden, grotesken Sequenzen machen sich wie Umkehrungen der volkstümlichen ‚Moralitäten'-Bilderbögen aus, die auf Jahrmärkten verkauft und von Bänkelsängern als Konkretisierung der Volksweisheit ausgelegt wurden (Stoll 1974, 125ff.).

Sogar ausländische Sprachklischees werden parodistisch eingesetzt, wenn sie als in Frankreich bekannt vorausgesetzt werden können. In den Übersetzungen sind die Autoren bemüht, die stilistische Wirkung der spielerischen Sprachverwendung nachzuvollziehen. „Mangels entsprechender morphologischer, lexikalischer bzw. syntaktischer Äquivalenzen in den Zielsprachen weichen sie oft auf andere Sprachspieltypen im Original aus" (Stoll 1974, 175). Allerdings werden die „Verluste dieser Art beim Übergang vom französischen in den deutschen Rezeptionsbereich mit 70 bis 80% beziffert". „Ebensoviele Bildparodien der politischen, literarischen, historischen Mythen des ‚Durchschnittsfranzosen' können im Ausland nicht nachempfunden werden, weil dafür die Voraussetzungen in der eigenen Erfahrung oder im Bildungsbewußtsein des Empfängerpublikums nicht vorhanden sind" (Grassegger 1985, 100).

Für die Serie *Bessy*, die auf Acht- bis Sechzehnjährige zugeschnitten ist, und die Abenteuer des Farmersohns Andy und seiner Hündin Bessy in den USA der Siedlerzeit schildert, hat Atzert folgende Sprachmerkmale zusammengestellt: Auffallend ist im Wortschatzbereich der geringe Anteil der Adjektive. Ihre Aufgabe wird von den Bildern übernommen, die die Menschen, Gegenstände etc. charakterisieren. Sonst ist der verwendete Wortschatz sehr lebendig und gehaltvoll, was für die Ausdrucksstärke der Texte spricht. Aktion und Bewegung werden durch das Wort „suggeriert", Spannung und Erlebnisstärke in die Erzählungen getragen. Abstrakta erscheinen nur selten. Amerikanismen gaukeln Authentizität vor. Kraftausdrücke stellen Spannungsreize her und differenzieren vor allem zwischen dem auftretenden guten und bösen Personal. Merkmale der Alltagssprache betonen umgangssprachlichen und vertraulichen Umgangston. Redensarten sind häufig. Onomatopoetika dienen zur Herstellung von Beziehungen zwischen Bildern und Text, denn ihr Ausdruckswert kann durch Bildsymbole ergänzt werden, wie sie selbst wiederum diesen illustrieren.

Bei der Syntax fällt die große Zahl von Ellipsen auf, die fast die Hälfte des Textes ausmachen. Einfachste syntaktische Konstruktionen werden bevorzugt. Die Kürze zielt auf Spannung und Action. Satzzeichen werden als syntaktisches wie als Stilmittel eingesetzt. Vor allem Ausrufezeichen intensivieren die Erregung bestimmter Situationen und Spannungen.

Im Text überwiegt der Dialog, da Schilderungen nur nötig werden, wenn die Akteure stille Beobachter des Geschehens sind. Im Gespräch werden die Informationen ausgetauscht, die außerhalb der Bilderfahrung liegen. Sonst werden ‚Aktionsgespräche' geführt, die neue Ereignisse initiieren, sowie Erregung und Spannung in das Geschehen bringen:

Vormann:	Auf ein Wort, Boy!
Andy:	Kennen wir uns, Mister? Ich hatte jedenfalls noch nicht das Vergnügen!
Vormann:	Ich möchte dir ein Geschäft vorschlagen! Würden 100 Dollar für den Anfang reichen?
Andy:	Was verlangen sie dafür?

Vormann: Nur eine kleine Gefälligkeit! Wenn du das Planwagenrennen verlierst, lege ich noch einen 100er dazu! Klar?
Andy: Ich habe kapiert! Stecken sie sich das Geld an den Hut!

Im Bild ist zu sehen, wie Andy den Vormann mit einem kräftigen Kinnhaken niederstreckt. Die Aufforderung zum Handel fordert den Dialog, die Vorstellung des Wunsches, die Antwort und die Klärung der Situation, die wiederum bildlich unterstützt werden kann. Aktionsgespräche sind das wichtigste Mittel, die Handlung voranzutreiben, Interesse und Spannung zu erzeugen. Die vielen Befehle und Anordnungen haben ‚Pushcharakter', schaffen einen ständigen Reiz. Sie sind überwiegend banal, was die Banalität der Gesamthandlung verdeutlicht.

Die Comicfiguren verfügen über keinen eigenen verbalen Code. Ihre Sprache ist die der Produzenten wie Konsumenten (Atzert 1982, 43-54).

Da die klassischen Comics zunehmend an Interesse verlieren, versuchen die Verlage Ersatz anzubieten mit japanischen Mangas, deren Helden Son-Goku, Battle Angel Alita oder Sakura heißen und die von der letzten Seite her betrachtet bzw. gelesen werden müssen.

Das zentrale Trägermedium der Comics, die Heftchen oder Broschüren, wird auch in anderen Bereichen zu Text-Bild-Wirksamkeiten genutzt. In Deutschland startete die erste Heftchenserie mit *Buffalo Bill* 1905. Zehn Jahre später gab es etwa 90 verschiedene gleichartige Angebote: Piratenabenteuer, Detektivserien, Indianer- und Cowboyreihen. Auch die Erlebnisse realer Gestalten wie die des Zirkusartisten Billy Jenkin und des Schauspielers Harry Piel wurden verarbeitet. Eine der erfolgreichsten Heftchenfiguren war Rolf Torring, der seit den dreißiger Jahren als Tierfänger Abenteuer erlebte (Plaul 1983).

Wie die Asterix- und andere Comics dienten auch andere Heftcheninhalte als Film- bzw. Fernsehserienvorlagen. Beispiele sind etwa die *Nick Carter-*, *Sherlock Holmes-*, *Stuart Webb-*, *Nat Pinkerton-*, *Tom Shark-*, *Timm Fox-*, *Jack Mylong-*, *Carlo Aldini-*, *Lee Parry-*, *Perry Rhodan*-Serie (*Perry Rhodan-SOS aus dem Weltall*) oder die *Jerry-Cotton*-Serie, von der ausgehend zwischen 1965 und 1970 acht Streifen gedreht wurden. Zwischen 1965 und 1967 werden 120 Teile der Fernsehserie *Batman* ausgestrahlt. Umgekehrt folgten die Jerry Cotton-Handlungen im Heft dem Klischee der US-Gangster-Filme und die Filmsensationen des Harry Piel lieferten Anregung und Handlungen zur gleichnamigen Heftchen-Reihe (Galle 1988). Die Abenteuer- und Science-Fiction-Filme wie *Babylon 5*, *Star Wars* oder *Star Trek* fanden in mehr oder weniger freien Adaptionen in die Heftchen.

Die Bilderwelt und die Weltwunder, die Illustratoren zu den Texten von Science Fiction-Autoren schufen, bietet in höchster Konzentration *Science Fiction. Die illustrierte Enzyklopädie* (Clute 1996).

In der NS-Zeit werden Bildbroschüren eingesetzt zur antijüdischen und antikommunistischen Agitation, zur Hetze, die sich nicht nur auf den Text,

Comics und andere Heftchen

sondern vor allem auch auf die Visualisierung stützt. Die Mittel reichen von der Verzerrung jüdischer Physiognomien über die rassistische Kontrastierung, bei der das Arische, die Heldenrasse, positiv herausgestellt wird, bei den anderen Rassen das Debile, Kranke, Hinfällige. Unwertes Leben wird der Vernichtung preisgegeben. In Hitler-Broschüren finden sich neben den Hitler-Bildern in vielen propagandafähigen Situationen packende Aussprüche des Führers. Kriegsbroschüren verherrlichen Heer, Luftwaffe, Flotte, die Führung, die Offiziere und die Soldaten. Heftchenreihen für die Schule boten Historisches und alles Wissenswerte über den Nationalsozialismus und seine Errungenschaften (Kreiner 1980; Riha 1976).

Da die Heftchen am Kiosk gestaffelt nach Heftnummern ausliegen oder -hängen, ist es wichtig, durch ein meist stilisiertes Porträt des Titelhelden die Serie wie die Heftnummer rasch erkennen zu können. Der Serientitel annonciert das Genre, wobei Typographie, Schmucksymbole (Kronen, Herzen) oder Untertitel die Titelei unterstützen. Das bunte Titelbild unterstreicht die Grundidee des Layouts, indem es eher das Genre hervorhebt als den Inhalt der Einzelnummer und indem es eine zum Genre passende Illustration bietet, etwa ein Bild aus einem Film (Krimi, Liebesfilm etc.). Bei den Heften der *Landser*-Serien aus dem Erich-Pabel-Verlag, Rastatt, zeigen die Titelblätter durchwegs Soldaten, aber nicht in kriegerischer Umgebung und schon gar nicht in einer solchen der Zerstörung, sondern geschönt. Die in den Heften aufzufindenden Fotos zeigen Waffen oder Kriegssituationen, die allerdings mit der geschilderten Handlung kaum in Verbindung zu bringen sind. Dennoch soll der authentische Charakter des Heftinhalts suggeriert werden (Geiger 1974, 23).

5. Die Bild-Text-Medien

5.1. Film

Das steigende Bedürfnis nach visueller Anschauung trug nicht nur zum Aufschwung der Illustrierten Presse in der Weimarer Zeit bei, sondern auch zu dem des Films. Im Zeitraum zwischen 1924 und 1929 wuchs die Zahl der Kinos von 3669 auf 5078 und die der Sitzplätze von 1315246 auf 1946513 an (Schmitt 1932). Die Mehrzahl der Kinobesucher stammte aus proletarischen Kreisen, wobei als Grund vermutet wurde, daß sich das Filmbild „meist direkt an die Gefühlssphäre wende" und „eine rationale Umsetzung der Bildgehalte nicht erforderlich sei" (Siemek 1953). Der Stummfilm war Bild-Medium im eigentlichen Sinn, denn in ihm mußte die Logik der Handlung aus dem Auftreten und Benehmen der Schauspieler, ihrer Körperhaltung und ihren Körperbewegungen, ihrer Gestik und Mimik erschlossen werden. Außerdem wurde versucht, durch Begleitmusik die Handlung der Agierenden den Zuschauern begreiflich zu machen. Bei komplizierten Handlungen interpretiert der Film-Erklärer.

Zwischenstation ist der Stummfilm mit eingeblendeten Zwischentiteln, die um 1907 auftauchen. Anfänglich waren diese Titel überlang. Es gab Filme, die gut zur Hälfte aus Titeln bestanden. Dann lernte man, sich auf wesentliche Aussagen zu beschränken. Die Titel wurden plakativ eingesetzt, brachten Pointierungen und Pointen, versuchten einer zugespitzten bildlich skizzierten Stimmung die letzte Intensität zu geben.

Beispiel 1:
Die Königin der Nacht (Creutz-Film-Ges., Dresden) III. Akt, 1. Bild
Freiaufnahme: Vor der Hütte der Mutter Jankos
Titel: Janko hat inzwischen seine Strafe verbüßt und kehrt zurück.
Janko kommt hastig und freudig erregt heran, sieht auf die Hütte und umher, atmet tief auf und eilt in die Hütte.
2. Bild
Die Mutter Jankos ist beschäftigt. Sie ist alt und schwach geworden. Da tritt Janko schnell in die Hütte, ruft sie an, und schon liegt er ihr in den Armen [...] Jetzt springt Janko auf und fragt die Mutter, indem er sich umsieht, wo Manditza sei. Die Mutter senkt den Kopf. Janko ist erstaunt. Er schüttelt die Mutter bei den Schultern und drängt um Antwort. Da erhebt die Mutter ihr Gesicht und sagt bitter:

Titel: Geflohen ist sie – mit einem Mann -- mitten in der Nacht. Die – die – Dirne.
Mit stieren Augen rüttelt Janko die Mutter an den Schultern
(nach Dafcik, 1947, 44-46).

Während der 1. Titel einen Zusammenhang herstellt, einen Bericht gibt, bringt der 2. eine wichtige begrifflich-inhaltliche Ergänzung, eine Erklärung, die die weitere Filmhandlung beeinflußt.

In der Anfangszeit des Tonfilms stehen sich zwei Dialogprinzipien extrem gegenüber. Auf der einen Seite gab es das verfilmte Theater, die Übernahme der unveränderten Schauspieldialoge, oft verbunden mit dem Glauben, dadurch dem Film die Anerkennung als Kunst zu verschaffen. Film wurde hier zur illustrierten Literatur. Auf der anderen Seite versuchte man, an die bewährte Titelgestaltung des Stummfilms anzuknüpfen, den Dialog in einer äußerst kondensierten Form einzusetzen. Diese Art der Dialoggestaltung kann gezeigt werden an dem Filmtext von Walter Hasenclever *Die Pest*:

Beispiel 2:
Die Pest. Ein Film von Walter Hasenclever (Dresden ca. 1919)
125. Bild
Leblose Hand des Kranken. Lebendige Hand des Erfinders sticht mit der Spritze hinein, spritzt.
126. Bild
Erfinder läßt plötzlich die Hand los, greift an die Stirne, Augen stier.
„Die Pest!!!"
Erfinder fällt über den Kranken.
127. Bild
Hand des Erfinders. Todeskampf. Er zerdrückt die Flasche.
128. Bild
Auditorium. Aufruhr. Bankier stürzt nach vorne:
„Das Serum!!"
Bankier rüttelt Erfinder, packt seine Hand. Flasche in Scherben
(Nach Raggam 1973, 128f.)

Der Dialog ist hier expressionistisch verkürzt auf Schlagworte, auf Interjektionen, auf Rufe und Schreie. Zunehmend wird sparsamer Einsatz des Textes propagiert, die Entdeckung gefeiert, „daß die Sprache in Tonfilmen um so künstlerischer wirkt, je sparsamer man sie verwendet, je entschiedener sie, nicht mehr, als letzte Offenbarung und Erfüllung eines Bildhaften ist." Man geht davon aus, daß „alles, was für Geschehen, Handlung, Entwicklung, Spannung und Stimmung von substantieller Bedeutung ist, im Bilde gestaltet und dargestellt werden muß" (Dafcik, 1947, 54). Das Wort im Film soll nur das Bild ergänzen, unterstützen, unterstreichen, erweitern, abrunden. Es soll gegenständlich deuten und begründen, gegenständlich vorausweisen und psychologisch vertiefen. Gedeutet und begründet werden kann dann, wenn vor dem Beginn des filmischen Geschehens Dinge sich ereigneten, die für den Ablauf der Handlung wichtig sind und ihre retrospektive filmische Gestaltung einen so großen Raum einnehmen würde, daß Dynamik und Kontinuität des aktuellen Geschehens gestört würden. Verbal nachgeholt und ergänzend eingebracht werden Ereignisse, die nicht wichtig genug sind, ausführlich bildlich abgehandelt zu werden. Dialogisch rekapituliert wird auf gezeigte Handlungen oder Ereignisse, wenn neue Handlungspartner hinzutreten, denen diese Geschehnisse unbekannt sind. Eine wichtige Aufgabe des Dialogs besteht darin, gezeigte Handlungen zu motivieren, sie psychisch zu begründen, abzusichern, zu ergänzen, zu vertiefen. Die einzelnen Dialogsequenzen charakterisieren die handelnden Personen, kennzeichnen sie als Typen, können sie trefflich karikieren, ihre Tätigkeiten ironisch pointieren oder zynisch kommentieren. Mit der Dialogorganisation kann im Film das Wesentliche herausgehoben, besonders Bedeutungsvolles unterstrichen werden, ist Spannung zu erregen und zu steigern. Gerade durch verbale Mißverständnisse, durch ein Aneinandervorbeireden können Konflikte entstehen, kann sich eine Katastrophe abzeichnen oder anbahnen. In Einzelfällen läßt sich Sprache auch verwenden, um in gestalterische Dimensionen vorzudringen, die dem reinen Bildzusammenhang verschlossen sind. (Es sei verwiesen auf Filme wie *Die Kinder des Olymp*). Weiter läßt sich Sprache abheben vom Bildgeschehen. Sprache kann eigene deklamatorische Funktion übernehmen wie in *Hiroshima mon amour* oder dem Bildgeschehen Vernunft und Logik nehmen wie in *Zazie*. Im experimentellen Film könnten visuelle, akustische, literarische oder triviale Komponenten so weit getrennt werden, daß eigenständige Ausdruckseinheiten entstehen, die aber eventuell einen neuen Sinnzusammenhang erschließen.

Für den Filmdialog ist wichtig, daß alle genannten Charakteristika Eindeutigkeit besitzen. Die Dialogführung muß in sich stimmig und nach außen, dem Zuschauer gegenüber, verständlich und durchsichtig sein. Der Dialog transportiert die Handlung nicht, aber er muß sie markieren, eindeutig verstehbar machen. Es dürfen beim Zuschauer keine Reflektionen ausgelöst werden, keine Spekulationen über den Gang und das mögliche Fortschreiten der Handlung, die Entwicklung der Charaktere. Filmdialog ist konzentrierter Dialog, denn die im Film agierenden Personen sprechen dann, wenn Sprechen, wenn zu machende Aussagen von Bedeutung sind, für die Handlung, für den Film, wenn etwas auszudrücken ist, was mit dem Bild, mit der Aneinanderreihung von Bildern allein nicht auszudrücken wäre. Jede Abweichung von dieser Grundregel kennzeichnet den Gebrauchsfilm, den Trivialfilm. Sparsame Dialogführung ist funktional für die Wirkung eines Films, für seine Qualifikation, für seine Ästhetik. Noch rühmen Cineasten und Filmtheoretiker die sparsame Dialogführung im Film *Der blaue Engel*, der nach Heinrich Manns Roman *Professor Unrat* gedreht worden war, der sich aber von der Vorlage löst. Szenen wie die berühmte Kikeriki-Szene sind frei gestaltet.

Beispiel 3:
Der blaue Engel (1930)
Bild 488 – (Saal im Blauen Engel) NAH: der Wirt an der Theke, auf die Bühne sprechend:
„Herr Direktor, meine Eier sind alle geworden, können Sie mir nicht ein paar herzaubern?"
Bild 489 – (Bühne) NAH: Kiepert
lauscht auf den Wirt. Versichert:
„Ach gewiß doch."
Noch immer rührt sich Rath nicht, noch immer steht er da, als wäre er aus Holz. Aber jetzt wendet er den Kopf ganz langsam nach der Garderobenseite. Er starrt hinunter. Kiepert murmelt Zaubersprüche. Rath reagiert nicht.
Stimme aus dem Saal: „Eierlegen!"
Kiepert in heimlicher Wut, packt Raths Kopf unter dem Kinn und dreht ihn nach vorn. Dann spricht er zum Wirt hinunter:
„Einen Moment!"
Bild 490 – (Bühne) GROSS:
Kiepert sieht Rath an. Rath steht fassungslos. Kiepert flüstert ihm zwischen zusammengebissenen Zähnen zu:
„Mensch – gackern!"
Rath versucht angestrengt, einen Laut hervorzubringen. Es gelingt ihm nicht. Kiepert ist müde.
Bild 491 – (Bühne) GROSS:
Raths Rockschoß. Kieperts Hand zaubert ein Ei hervor. Bravorufe ...
Bild 492 – (Bühne) GROSS:
Kiepert zeigt das Ei dem Publikum. Kiepert sagt: „Ein echtes Hühnerei!"
Bild 493 – (Bühne) GROSS:
Auf Raths Kopf zerschlägt Kieperts Hand das Ei. Gelb und weiß rinnt es über Raths Gesicht. Er rührt sich nicht.
Johlen im Publikum setzt ein, das nicht mehr abreißt. Schreie dazwischen: „Mehr Eier!"
Bild 494 – (Bühne) GROSS:
Kiepert raunt Rath zu:
„Mensch, gacker – oder ich schlag dich tot!"
Bild 495 – (Bühne) GROSS:
In Raths Gesicht arbeitet es. Mühsam, die Halsmuskeln krampfen sich. Er öffnet den Mund. Noch kein Laut. Aber dann dringt aus der Kehle – nervenerschütternd – ein heiseres, langgezogenes
„Kikeriki!"
Im gleichen Moment verstärkt sich das Toben bis zur Raserei.

Andere, wie die Entlassungsszene, haben in der Romanvorlage kaum ihre Begründung.

Beispiel 4:

Der Blaue Engel
Bild 337 – (Konferenzzimmer) NAH: Der Direktor, fortfahrend.
„Und nun zu Ihnen, Herr Professor! Die Lauterkeit Ihres Charakters und Ihre vorbildliche Lebensführung waren bisher über jeden Zweifel erhaben!"
Bild 338 – (Konferenzzimmer) GROSS: Rath, mit einer leichten Verbeugung antwortend.
Die Stimme des Direktors: „Um so mehr schmerzt es uns, daß Sie gerade mit einer solchen Person – „
Rath fährt dazwischen:
„Herr Direktor!"
Bild 339 – (Konferenzzimmer) NAH: Der erstaunte Direktor und ein paar Lehrer, sich umwendend: betroffen, zynisch, neugierig. Raths scharf akzentuierende Stimme:
„Bevor Sie weiterreden, möchte ich betonen":
Bild 340 – (Konferenzzimmer) GROSS: Der breit aufgerichtete Rath spricht:
„Sie sprechen von meiner zukünftigen Frau!"
Er dreht das gerutschte Röllchen am Arm zurück.
Bild 341 – (Konferenzzimmer) HALBTOTALE: Betroffenes Schweigen, der Direktor erhebt sich ohne Vorwurf, fast mit Bedauern.
„Dann allerdings, Herr Professor! Sie kennen doch die Gesetze unserer Anstalt!"
Rath macht eine knappe Verbeugung und geht zur Tür.
Bild 342 – (Konferenzzimmer) GROSS: Schon die Hand auf der Klinke, wendet Rath sich um, fast anklagend:
„Ich folge einem Gesetz, meine Herren, das Sie nicht kennen, dem Gesetz des Herzens!"
Wendet sich zurück und öffnet die Tür. – (Geht den Korridor entlang. Hinter ihm humpelt der Pedell. Rath geht in eigene Klasse. Bleibt stehen, sieht in die Klasse. Öffnet die Schublade, nimmt Kleinigkeiten heraus. Setzt Hut auf, nimmt Mantel. Geht, den Mantel anziehend, am Pedell vorbei. Rath verschwindet. Pedell schließt die Türe und dreht den Schlüssel um.)
ABBLENDEN
(nach Estermann, 1965, 291-293).

Das Geschehen wird im wesentlichen filmisch vermittelt, die Charakterisierung der Personen erfolgt in ihrer Handlung, in ihrer Gebärde, in ihrer Mimik und Gestik. Die Worte unterstreichen, pointieren, verabsolutieren dort, wo bildlich die Grenzen gesetzt sind, etwa in Raths Begründung seiner Haltung gegenüber dem Direktor. In der Schilderung Heinrich Manns steckt eine Allgemeinheit bei aller Hochorganisiertheit der sprachlichen Mittel, die im Film nur durch eine Vielzahl von Sequenzen aufzulösen wäre. Durch die Massierung der entscheidenden Ausdrucks- und Bedeutungselemente in wenigen Dialogsätzen gelingt es im Film, ein Höchstmaß an Ausdruckswirkung zu erreichen. Verwiesen werden kann auf ein Beispiel filmischer Umsetzungsnotwendigkeit hochverdichteter bzw. hochorganisierter Sprache, das Kluge-Reitz-Reinke in ihrem Aufsatz ‚Wort und Film' anführen:

Film   65

Beispiel 5:
Die Textpassage aus *Die Teuflischen* von Barbey d'Aurevilly:
[...] sie entgegnete auf diese Wutausbrüche als echtes Frauenzimmer, das nichts mehr zu schonen hat, das den Mann, dem sie sich verbunden, bis in die Knochen hinein kennt und weiß, daß auf dem Grund dieses Schweinestalls eines gemeinsamen Haushaltes der ewige Krieg schlummert. Sie war weniger gemein als er in seiner Wut, aber entsetzlicher, grausamer, verletzender in ihrer Kälte.

Zur filmischen Umsetzung dieser Beschreibung wäre wahrscheinlich ein Kurzfilm von etwa 20 Minuten Länge erforderlich, der sich in folgende Sequenzen aufgliedern könnte: Studie des Krachdialogs zwischen Mann und Frau. Studie gereizter Reaktionsweisen dieser Frau und von Frauen überhaupt. Studie der Ehegewohnheiten. Studie der Liebesgewohnheiten „bis auf die Knochen". Die Hilflosigkeit beider Teile während einer langen Ehe, vorwiegend aber Hilflosigkeiten des Mannes. Die Geschichte der bürgerlichen Ehe in den vergangenen 200 Jahren. Situationen des ewigen Krieges. Biologische Überlegenheit der Frau, ihre Kälte. Visuelle Auflösung eines Konflikts durch eine Montage, die über einen größeren Zeitraum hinweg Unverhältnismäßigkeit und Asynchronität der Mimik der Frau und der Mimik des Mannes gegenüberstellt.
    Im *Blauen Engel* kann auf ein weiteres Charakteristikum hingewiesen werden: Das Schweigen handelnder Filmgestalten ist, nach Béla Balázs, „nicht eine Eigenschaft (wie Stummheit), sondern ein Ereignis. Es bekommt unweigerlich eine besondere Bedeutung, die in der Handlung begründet sein muß, sonst verfälscht sie den Stil und die beabsichtigte Stimmungswirkung." Nach Siegfried Kracauer sind es im *Blauen Engel* zwei Figuren, deren Schweigen beredt ist. Der Clown der Schauspielertruppe beobachtet seinen zeitweiligen Kollegen, den Professor Unrat, unablässig. Und der Schulpedell, der den Tod des Professors im alten Klassenzimmer miterlebt, ist wie der Clown Zeuge der Geschehnisse, nicht Teilnehmer. „Was immer sie empfinden mochten, sie griffen nicht ein. Ihre schweigende Tatenlosigkeit ließ die Passivität vorausahnen, mit der so viele andere sich später totalitärer Herrschaft fügten."
    Gerät der Dialog jedoch so knapp, daß die Geschehniszusammenhänge nicht mehr durch- und einsichtig werden, so wird die für den Film geforderte verbale Beschränkung zur Gefahr. Sie ist aber noch größer, wenn der Dialog überquillt, wenn sich Handlung erst durch Worte, aus den Dialogen heraus entwickeln muß oder diese die Handlung ersetzen.

Beispiel 6:
Brüderlein fein ... (Wien-Film 1942)
Bild 122
Freie Landschaft bei Gutenstein. Grillparzer, lebhaft, offenbar eine längere Rede fortsetzend:

„Nein, nein, mein Lieber, Sie wissen's eh selber genauso gut wie ich, aber Sie wollen's halt nicht zugeben. Nix ist sinnlos, was einem das Leben aufhalst, auch das Schwerste nicht ... Sie sollen dem Schicksal jeden Tag danken für die wunderbare Gabe, die es Ihnen gegeben hat ... die Gabe, sich seinen Mitmenschen mitteilen zu können ..."
Grillparzer fährt eindringlicher fort:
„Ich habe Ihnen schon einmal einen Rat gegeben, jetzt gebe ich Ihnen wieder einen: Verwerten Sie Erlebtes ... Erlittenes ... und Sie werden manchem helfen, manchen trösten, der vielleicht keinen Trost findet ..."
Grillparzer bleibt stehen. Raimund ebenfalls. Grillparzer immer lebhafter:
„Der Künstler ist der Griffel Gottes auf der Welt. Er schreibt nicht nur auf, was war und wie es war ... Er gibt allem seine Dichtung, seinen Sinn."
Raimund, sieht Grillparzer schmerzlich lächelnd zu:
„Auch der Künstler ist nur ein Mensch, armselig und schwach ... und wer weiß, was ihm die Zukunft noch dreinmischt in's Leben ..."
Grillparzer, mit leichtem Unwillen:
„Sind wir froh, daß wir den Schleier net wegziehen können, der uns gnädig die Sicht auf das Kommende verhängt ..."
Er tritt auf Raimund zu und fährt fort, aufmunternd:
„Leben's net in der Zukunft und in der Vergangenheit, geniessen's das Heute. Ein guter Engel hat Ihnen im richtigen Moment ein Wesen zur Seite gestellt, dessen einfache Natürlichkeit Ihnen Ruhe und Kraft geben mußte."
Raimund nickt. Er sagt leise:
„Ich weiß es ja ... und bin dankbar dafür, aber manchmal brennt es und bohrt es in mir und schmerzlich melden sich die Gedanken an die Theres."

Im Gespräch zwischen Grillparzer und Raimund werden allgemeine Lebensweisheiten ausgetauscht, wird der Sinn hehren Dichtertums beschworen, lange und ausführlich. Operiert wird mit stehenden Wendungen, mit Klischeevorstellungen und -begriffen, mit Stereotypen, Versatzstücken, mit einem vorfabrizierten sprachlichen Jargon, der hier als poetisch-literarisch gekennzeichnet ist. So reden Dichter miteinander, bekräftigen sich in ihrer Aufgabe, bestärken sich in ihrem Künstlertum. So wird Milieukolorit zu erzeugen versucht. Die literarischen Leerbegriffe, wie sie sich in allen schlechten Romanen finden, eignen sich auch im Filmdialog ideal für den Transport von Klischeehandlungen. Die Massenwirkung des Films wird nicht durch genaue Beschreibung oder sprachliche Charakterisierung gestört. Mit solcher Art Typisierung „fälscht der Film [...] die Wirklichkeit, da er immer nur den Schluß von etwas Konkretem auf ein allgemeines Klischee zuläßt, niemals aber ein allgemeines Bild von beliebig viel Konkretem geben kann." (Reitz/Kluge/Reinke, 1965, 1021f.)

Zwischen 1912 und 1920 werden über 230 deutschsprachige literarische Werke verfilmt. Neben den klassischen Stoffen wird auch Gegenwartsliteratur umgesetzt. In einigen Fällen erfolgte, wie bei den Romanen von Hermann Sudermann, sogar eine Mehrfachverfilmung. Man schrieb vom ‚German Golden Age of film' (Ledig 1988). 1931 werden in Deutschland bereits 142 Tonfilme hergestellt, Klassiker werden *Der blaue Engel* (1930), *Die drei von der Tank-*

stelle (1930), *Der Kongreß tanzt* (1931), *Das Testament des Dr. Mabuse* (1933). Gegen Ende der Zwanziger Jahre kündigte der amerikanische Tonfilm das Ende des Stummfilms an. *Die Dreigroschenoper, Der Blaue Engel* und *Berlin Alexanderplatz*, nach den Vorlagen von Bert Brecht, Heinrich Mann und Alfred Döblin, überzeugten das Publikum von der neuen technischen Entwicklung. Man experimentiert mit ersten Farbfilmen. Mit den ersten Wochenschauen versucht man, den Zuschauern einen Blick in die Welt zu geben. 1934 wurden diese in die normierte Programmabfolge vor Kulturfilm und Spielfilm integriert. Zum Bild für Hitlers „gesunden, nationalen und schlagkräftigen Volkskörper" wurde Leni Riefenstahls Parteitagsfilm *Triumpf des Willens* (1934/35).

Nach 1945 schuf sich der Film allmählich den Eintritt in die Hochkultur, in der er ein alternatives Medium für viele Schriftsteller wurde. Friedrich Dürrenmatt schrieb die Filmadaption seines Stücks *Die Ehe des Herrn Mississippi* und lieferte das Originalmanuskript für *Es geschah am hellichten Tag* (1958). Alfred Andersch lieferte *Die Rote*, Siegfried Lenz *Zeit der Schuldlosen*, Christa Wolf *Der geteilte Himmel*, Günter Seuren *Schonzeit für Füchse* nach seinem Roman *Das Gatter*, Max Frisch den *Blaubart*, Peter Schneider *Messer im Kopf*, Ulrich Plenzdorf *Die Legende von Paul und Paula*, Günter Herburger *Hauptlehrer Hofer*, Peter Handke *Himmel über Berlin*, Erich Kästner *Drei Männer im Schnee* und *Das doppelte Lottchen*. Weiter arbeiteten für den Film Curt Goetz, Carl Zuckmayer und Arnold Zweig. Die Adaptionen der *Blechtrommel* von Günter Grass und der *Verlorenen Ehre der Katharina Blum* von Heinrich Böll geschahen mit Einverständnis der Autoren. Böll schrieb das Manuskript für *Deutschland im Herbst* original für den Film.

Allgemein zeichnete sich bei der Verfilmung dieser und anderer literarischer Vorlagen ein Zug adaptionsmäßiger Treue ab, mit der Folge einer relativ leichten Wiedererkennbarkeit der Vorlage. Es gab aber auch die Neigung zur freien Adaption wie bei Helmut Kästner in *Der Rest ist Schweigen* (1959), der den Hamlet-Stoff modernisiert. Hamlet ist hier ein junger Deutscher, der als amerikanischer Soldat 1945 zurückkommt und seinen Vater tot findet, ermordet von seinem Bruder, der die Mutter geheiratet hat.

Mit dem neuen Film tauchten auch neue Ideen für den Dialog auf. Er sollte zu einem Medium eigenständiger Reflexion werden oder als Kommentar die Handlung begleiten. Damit sollten Elemente des Dokumentarfilms in den Spielfilm integriert werden.

Die Filmkamera kann nur das registrieren, auf das sie gerichtet wird. Filmt sie nicht tatsächliche Handlungen ab, so müssen diese vor ihr simuliert, gestellt oder gespielt werden. Es muß materiell eine Scheinwirklichkeit konstruiert werden, bevor der Film Zuschauern Fiktionen vermitteln kann. In den Studios werden Drehorte errichtet aus Holz, Pappe, Styropor. Künstliches Blut fließt. Menschen werden fiktiv verletzt oder getötet. Es muß materiell stets eine vorgetäuschte Realität erschaffen werden, die der Zuschauer aber nicht mehr erkennt, sondern für real hält. Da der Film auf materialisierten Täuschungen aufbaut, ist er der Erbe aller materiellen Illusionskünste. Es gelingt ihm, eine Scheinwirklichkeit aufzubauen, die realitätsnäher ist als der Text in den Pressemedien oder die von Einzelbildern. Nur bei Dokumentarfilmen kann ein narrativer Text eingesetzt werden, der möglichst synchron das erläutert und kommentiert, was visuell sichtbar gemacht wird.

Wenn in filmtheoretischen, filmästhetischen oder filmkritischen Publikationen von Sprache gehandelt wird, ist damit fast stets gemeint die filmische Artikulationsweise, die bildlich-symbolische ‚Sprache' der Filme, die Montage (filmischer Satzbau, Filmsyntax) und die Bedeutung (Filmsemantik), die sich aus dem Zusammenfügen und Zusammenwirken einzelner Bilder und Bildsequenzen ergibt. Filmtheoretiker, Praktiker und Cineasten betrachten den Film primär als Bild-Medium, für das Wortsprache zwar konstitutiv sein kann, wie der Ton ganz allgemein (ebenso wie Gesichtsausdruck, Körperhaltung und Körperbewegung, Auftreten und Benehmen der Schauspieler, Kostüme, Dekor, Musik und andere Objekte mit konventionell-symbolischer Bedeutung), für dessen Qualität aber die Bildkomposition bestimmend ist. Für den Praktiker, den Gestalter, den Regisseur ist die Dominanz des vom Bildrahmen begrenzten Sichtbaren, die Gruppierung von Menschen und Dingen in Bewegung oder Ruhe, die Verteilung von Licht und Dunkel, der harmonisierenden oder sich bekämpfenden Farben, der Verlauf der Bewegungen der Objekte im Bild, die Wirkung der Linien und Perspektiven, das Verhältnis der visuellen zu den auditiven Bildkomponenten wichtiger als die Dialoggestaltung, weil ihm diese im Drehbuch vorgegeben ist, während die anderen Mitteilungen seiner Kreativität entspringen. Bekannte Theoretiker haben sich deshalb für die freie kontrapunktische Handhabung von Ton und Bild (Balázs) ausgesprochen; Praktiker haben die Möglichkeiten des asynchronen, d.h. des gegen den unmittelbaren Bildsinn operierenden Tons genutzt (z.B. Chaplin). Andere, wie Alexander Kluge oder Edgar Reitz, betonen die zunehmende Emanzipation des Tons und insbesondere der Sprache im Film im Verlauf der Filmgeschichte. Die hohe Wertschätzung des bewegten Bildes wird abgeleitet von einer erwarteten stimulierenden und motivierenden Funktion, welche die Aufmerksamkeit von Zuschauern zu sichern scheint. Zugleich wird dem Bild bei der Aufnahme und Verarbeitung, bei der Rezeption durch den Menschen, eine Leitfunktion zuerkannt. Psychologisch interpretiert hieße das, daß die Bildinformation, die Bildmitteilung bei der audiovisuellen Kognition über den Ton, über die Wortsprache dominiere. Die Idealvorstellung ginge dann dahin, daß aller Inhalt über das Bild transportiert werden müsse. Das führt zu einer nostalgischen Verklärung des Stummfilms mit seiner gestischen ‚Sprache' und der ihm eigenen Mikrophysiognomik (Balázs) oder der Sehnsucht nach dem themenlosen absoluten Film. Trotzdem hat sich der Dialogfilm durchgesetzt, ist allbeherrschend geworden. Gegenüber einer barbarischen Theatralisierung durch ein Vorherrschen des gesprochenen Worts in den frühen Tonfilmen auf Kosten der filmischen Mitteilungsmittel hat sich in weiten Teilen der Filmproduktion und vor allem in ihren anspruchsvollen Beispielen eine Praxis entwickelt, in der der Ton, damit auch der Dialog, als bildkompositorischer Faktor eingesetzt wird.

Die randliche Rolle der Wortsprache in der Filmliteratur macht es verständlich, daß der Dialoggestaltung in Filmen bisher von dieser Seite keine Aufmerksamkeit zukam. Auch in der Linguistik ist die Dialogforschung relativ neu. Im Rahmen des Interesses an der Analyse gesprochener Sprache richtete sich die Aufmerksamkeit in den siebziger Jahren auch auf Dialoge, zunächst jedoch auf natürliche Dialoge, d.h. Dialogstrukturen in der natürlichen gesprochenen Sprache.

Als Dialoge werden kommunikative Handlungen bezeichnet, die zwischen mindestens zwei Personen stattfinden. Diese müssen miteinander Kontakt aufgenommen haben, also simultan, am gleichen Ort oder verbunden durch einen technischen Kanal miteinander so in Verbindung stehen, daß sie wechselweise die Sprecherrolle bzw. die Hörerrolle übernehmen, wobei die Aufmerksamkeit auf gemeinsame, möglicherweise wechselnde Themen gerichtet ist. Jeder Dialog wird beeinflußt durch die Situation, die Dialog- oder Sprechsituation, in der er stattfindet, weiter durch die Zahl der Teilnehmer an ihm und den sozialen Status, den diese Teilnehmer aufweisen. Die Kommunikation zwischen den Dialogpartnern basiert auf bestimmten Regeln und Konventionen, auf Planungen, die unterschiedliche Gradstufen aufweisen können, auf Organisiertheit, die bis zur Formalisierung reichen kann. Während im freien Gespräch, im Dialog der gesprochenen Sprache als dem frei formulierten, spontanen Sprechen, das gekennzeichnet ist durch natürliche, nicht gestellte Kommunikationssituationen, die Organisationsweisen und die Dialogstrukturen erst mühsam über Organisationsbeschreibungen und Transkriptionen gewonnen werden können, liegt für den Film im Drehbuch die grundlegende Dialogorganisation und Dialogstruktur fest und dem Analysierenden vor. Sie muß aber mit der Realisation verglichen werden, denn sie stellt nur ein den Bereich der externen Realität repräsentierendes Zeichensystem dar, das dem visuellen Vermittlungssystem Film zugeordnet ist. Der Dialog als sprachliches Substrat des Films gehört im Konzept der Gestaltungsmaßnahmen des Films in das Zuordnungsgefüge, das das Verhältnis von Bild und Sprache in charakteristischer Weise kennzeichnet. Das Drehbuch liefert einen Plan, der Film die Realisation. Die sprachliche Vorgabe, der Drehbuchdialog, nimmt als ein beherrschendes Mittel auf diese Realisation Einfluß. Sie bestimmt weitestgehend die Vermittlung an den Zuschauer und die Interpretation durch ihn. Organisation und Sicherung des Gesprächs, des Filmdialogs, beziehen sich also nicht nur auf die jeweiligen Gesprächspartner im Film, auf die Schauspieler, die innerhalb eines vorgegebenen Schemas operieren, sondern vor allem auf die Zuschauer, zu deren Information, ästhetischen und ethischen Wertgewinnung oder Emotionalisierung die Wortsprache beiträgt. Der Filmdialog ist fiktiv innerhalb des Films, er ist ein

Mittel einseitiger Kommunikation mit den stumm bleibenden Filmbesuchern. (Daß sich Personen im Film direkt an die Zuschauer wenden, ist selten. Ein Beispiel wäre Ferdinand im Godard-Film *Pierrot le fou* (1965), der sich beim Publikum über Marianne beschwert und dieser auch sagt, er spreche mit den Zuschauern). Sein Sinn konstituiert sich nicht aus der Interaktion der im Film agierenden Personen, sondern, wie beim Theater, nur mittelbar aus der Rekonstruktion der Mitteilung, die Autor, Regisseur und alle am Produktionsprozeß Beteiligten mit der Gesamtheit der visualisierten und verbalen Interaktionsabläufe beabsichtigen. Die Sprecherbeiträge der Handelnden werden nicht kontrolliert durch spontane Bekundungen von Verstehen, Mißverstehen, Rückfragen der Kommunikationspartner außerhalb des Films. Die sprachlichen Formulierungen müssen deshalb nicht auf das von der Situation mitbedingte Verständnis des unmittelbaren Gegenübers im Gespräch, sondern auf die wirkungsvollste Übermittlung der Worte an die Filmbesucher zielen. Von diesen kann, entsprechend der Konventionen der künstlerischen wie künstlichen Kommunikationsform Film, ein bestimmtes Maß an Aufmerksamkeit und auch ein solches an Toleranz gegenüber momentanem Mißverständnis erwartet werden.

Jeder Vorspann eines Filmes macht deutlich, daß es sich um ein Spiel handelt, daß Schauspieler agieren, ein großer Stab von Produzierenden eingesetzt war, um das Produkt zu erstellen. Spielfilm ist also eine stark selektierende, ausschnitthaft technische Repräsentation eines fiktiven Geschehens. Verantwortlich für diesen Ausschnittcharakter sind die visuellen Artikulationsformen, vor allem Einstellungsgröße, Einstellungsperspektive, Objektbewegung, Kamerabewegung, Einstellungslänge und Induktion.

Die möglichen Einstellungsgrößen Detail, Groß, Nah, Amerikanisch, Halbnah, Halbtotal, Total oder Weit wirken auf den Zuschauer ein, zwingen ihn entweder zu genauem Hinsehen oder halten ihn auf Distanz vom Geschehen. Sie werden vom Filmemacher alternierend eingesetzt, um den Bildtrakt anschaulich zu gestalten, um Reizwechsel zu bewirken, Reizerneuerung, um das visuelle Angebot attraktiv zu machen, und vor allem die Aufmerksamkeit der Zuschauer bis zum Filmende möglichst zu fesseln.

Im Zusammenspiel mit den Sprachelementen eines Films, mit dem Dialog, lassen sich für einige der genannten Einstellungsgrößen Funktionsbestimmungen vornehmen: Der Großaufnahme, mit der vor allem Köpfe, redende Köpfe, gezeigt werden, kommt eine dialogillustrierende Funktion zu. Dem Zuschauer wird ermöglicht, den Sprecher sehr genau zu beobachten, seine Mimik zu überprüfen, Ironie, Hohn oder Spott über die rein sprachlichen Kennzeichen hinaus zu erkennen. Er kann Gefühle erahnen, die noch nicht sprachlich umgesetzt sind, vorausgesetzt natürlich, daß die Schauspieler die Fähigkeit besitzen, Gefühle erkennbar und glaubhaft auszudrücken.

Häufig wird die Großaufnahme dann eingesetzt, wenn sich ein Gespräch zuspitzt, wenn es an Bedeutung, an emotionaler Aufladung gewinnt, wenn die

Akteure auf den Höhepunkt einer verbalen Auseinandersetzung zusteuern. Hier wirkt sie wie ein Signal. Bestimmte Dialogpartien werden hervorgehoben. Die Großaufnahme fungiert hier sowohl dialogstrukturierend wie deiktisch im Bezug auf den Dialog.

Die weitere visuelle Zuspitzung in der Detailaufnahme dient der Intensivierung des Dargestellten. Sparsam eingesetzt, kann etwa das Bild der zum Schrei geöffneten Lippen oder des den Befehl „Feuer" ausstoßenden Munds des Kommandierenden eines Erschießungspelotons ein Höchstmaß an Emotionalisierung beim Zuschauer bewirken.

Der Nahaufnahme kommt wie der Großaufnahme eine gesprächsbegleitende und dialogillustrierende Funktion zu; doch ist sie von weitaus geringerer Wirkungsintensität. Grund dafür ist wohl die Tatsache, daß die Nahaufnahme einer unserer gewöhnlichen Sichtweisen im Alltag entspricht. Vor allem längere Redepassagen, größere Dialogblöcke, Sprecherbeiträge von drei oder mehr Sätzen werden in Nahaufnahme gefilmt. Zur Mimik tritt hierbei die Gestik, die zur Charakterisierung der sprechenden Personen wie zur Interpretation des Gesprochenen beitragen kann. Die sog. amerikanische Einstellung und die Einstellung Halbnah, die etwa den Oberkörper einer Person bzw. die ganze Person zeigen, haben vor allem handlungsbeschreibende und handlungsbegleitende Funktion. Charakteristischerweise sind Dialogelemente, die mit ihnen gekoppelt sind, von ganz anderer Art als die der Groß- und Nahaufnahme. Sie sind meist von geringer Bedeutung für die Handlung, haben wenig Aussagekraft, sind oft trivial, meist kurz.

Die Halbtotale zeigt und beschreibt den Ort einer Handlung. Verbindet sich mit ihr Dialog, so bietet dieser meist kaum Einblick in neue Sachverhalte, sondern erzählt Ereignisse nach, deutet oder interpretiert Geschehnisse, die der Zuschauer bereits visuell aufgenommen hat. Sogar simple Wiederholungen sind üblich. Wir können also von Redundanzdialogen sprechen, die vom Zuschauer ohne größere Schwierigkeiten mit aufgenommen werden. Ihre Funktion in solchen Szenen kann soweit zurückweichen, daß sie nur noch als Geräuschkulisse dienen. Weniger oft gibt die Halbtotale Aufschluß über die Gesprächssituation. Sie wird verwendet beim Gesprächsbeginn, um die Sprechenden vorzustellen. Sie zeigt die Figurenkonstellation an, etwa den am Kopfende des Tisches sitzenden dominierenden Sprecher, um den diejenigen versammelt sind, denen etwas mitgeteilt wird. Sie weist Herrschaftsverhältnisse aus, wenn sie einen Beschuldigten umringt von Vernehmenden zeigt.

Die Totale wird selten mit Dialog gekoppelt, eher mit Musik und Geräusch. Beide unterstützen und verstärken ihre einstimmende, stimmungserzeugende oder emotionalisierende Funktion.

Die Weitaufnahme entzieht sich dem Dialog völlig. Sie eignet sich höchstens für den Monolog, etwa für Sprechertexte, die erzählend in die Filmhandlung einführen.

Bei der Einstellungsperspektive besitzt nur die Abweichung von der Normalsicht Signalcharakter auch für den Dialog. Durch Untersicht können Personen als gefährlich, bedrohlich, angsteinflößend, zumindest aber befremdend dargestellt werden. Stimmt die Aussage mit diesen Eindrücken überein, so fühlt sich der Zuschauer bestätigt in seiner Einschätzung. Läuft sie entgegen, so kann Ironie, Hohn oder Ähnliches im Spiel sein, natürlich auch Unfähigkeit oder Trivialität der Darstellung.

Die Objektbewegung ist überwiegend gekoppelt mit der Einstellungsgröße. Wenn der Zuschauer etwa ein Gesicht ohne viel Ausdruck sehr nah sieht, so wird durch eine restringierte Objektbewegung die Stereotypie der Bildwirkung noch verstärkt. Das ohnehin zur Dominanz neigende Bild wird künstlich reduziert in Reiz und Ausdruckskraft. Dadurch wird aber die ungestörte Rezeption der Dialoge sichergestellt oder zumindest gefördert. Je weniger dem Auge geboten wird, um so mehr kann das Ohr aktiviert werden.

Die autonome Objektbewegung kann die Dialogführung unterstützen. Schreitet oder tritt etwa eine Person auf die Kamera zu, so setzt Dialog ein, werden Dialogstellen wichtig. Der Schauspieler bewegt sich gewissermaßen wie im Theater an die Rampe, teilt den Zuschauern Relevantes mit.

Die gleiche deiktische Funktion haben Schwenks, Zooms oder Kamerafahrten auf sprechende Personen hin. Sie stellen diese in den Mittelpunkt oder heraus, weisen ihre Aussagen als besonders bedeutsam, eindringlich oder wichtig aus.

Trotz dieser Möglichkeiten werden Kamera- und Objektbewegungen sparsam eingesetzt, denn es gilt offensichtlich als oberstes Prinzip, dann optisch auf ein Sparprogramm umzuschalten, wenn der Sprache die eigentliche Bedeutung zukommt. Die ungestörte Aufnahme der sprachlichen Einheiten soll so wenig wie möglich gestört werden. Dieses Sparprogramm kann ignoriert werden im Bereich der Einstellungslängen. Dialogsituationen von hohem emotionalen Gehalt zeigen häufig kurze bis extrem kurze Einstellungen. Eine rasche Schnittfolge hat dann die Funktion, die eintönigen Bildmotive, das bloße Zeigen von Köpfen oder Gesichtern aufzulockern oder die Dramatik zu unterstreichen. Durch diese Art der Reizmaximierung wird die Aufnahme der Sprecheinheiten nicht gefährdet, da die Bilder redundant sind, nur Zuordnungscharakter besitzen. Zudem besitzt die Großaufnahme dialogdeiktische Funktion. Eine rasche Schnittfolge zwischen Dialogpartnern kann den Dialog in kleine, gut aufnehmbare Teile gliedern.

Der weniger emotionsgeladene Dialog wird dagegen meist mit langen Einstellungen verbunden. Monologische Einheiten erfordern sie stets. Der Induktionseffekt, die Verschmelzung von Einstellungen zu einer sinnvollen Einheit, kann auch über den Dialog erfolgen. Der Sprecherbeitrag eines Dialogpartners braucht nicht mit dem Ende einer Einstellung abzubrechen. Seine Wirkung kann sich im Gesicht oder im Blick des anderen Partners spiegeln. Induktiv wirkt auch ein Frage-Antwortspiel.

Für den Film wichtig ist das Zusammenspiel von Wort und Bild, das gegenseitige Ergänzen der beiden konstituierenden Elemente, wobei auf der Tonebene noch Geräusch und Musik fördernd oder hemmend hinzutreten können. Das Bild unterstützt das Wort, wie das Wort das Bild unterstützt. Beide Ebenen greifen wie Zahnräder ineinander und bewirken so den Fortgang der Handlung. Die Bildlichkeit alleine könnte ein rohes Gerüst der Handlung bieten. Erst im Zusammenspiel von Bild und Wort wird die Komplexität und Vielschichtigkeit der Handlungsstruktur deutlich. Die Gewichtung differiert, aber die Pendelausschläge sind wichtig für den Aufbau der Spannung und Dramatik.

Die Verfilmung literarischer Werke, speziell von Schauspielen bei voller Übernahme des Schauspieldialogs oder von prosaischen Werken ohne wesentliche Umgestaltung der Dialogteile, ist immer als problematisch angesehen worden. Theaterdialoge und Roman- oder Novellendialoge besitzen ihre Eigenart, ihre Eigengesetzlichkeit. Sie sind konzipiert für die literarische Gattung, in die sie eingebettet sind. Transformiert man Dialogformen, indem man sie direkt übernimmt, indirekte Reden in direkte oder monologische Passagen in dialogische umformt, so setzt man einen „Prozeß der Autonomisierung" (Schneider 1981) in Gang. Die im literarischen Werk selbständigen Redeformen werden im Film ‚unselbständig'. Sie geraten in Abhängigkeit von der Bildebene, von ihrem kinematographischen Kontext. Durch eine solche Abhängigkeit verliert der Code der verbalen Sprache in gewisser Weise seine Autonomie. Konsequent müßte ihnen die Konzeption des Filmischen, des Bildlichen, untergeordnet werden. Die stilisierte, geschliffene, geformte, ausgefeilte, primär den ästhetischen Prinzipien verhaftete Dialoggestaltung des Theaters oder der erzählenden Prosa ist für den Film eine Gefahr. Sie ist selbständig und muß sich auch im neuen Medium selbständig machen. Damit wird sie aber leicht zum Fremdkörper, zum falschen künstlerischen Mittel. Das Geschehen in literarischen Werken entfaltet sich häufig oder überwiegend in Form abstrakter Gedankenreihen. Die schöpferischen Leistungen des dramatischen und epischen Dichters vollziehen sich überwiegend abstrakt mit den Mitteln der Sprache. Sie gewähren dem Zuschauer und Leser ein optisches Phantasiespektrum, die schöpferische Ergänzung durch Assoziationen. Irmela Schneider hat noch auf ein wichtiges Kriterium hingewiesen am Beispiel der Verfilmung von Theodor Fontanes Roman *Der Stechlin*. Übernimmt der Film die Dialoge des Romans etwa für die Hauptgestalt Dubslav Stechlin konsequent, so entsteht im Film der Eindruck, Stechlin sei ein geschwätziger Mensch. Haben die Reden, hat die Redelust des alten Stechlin im Roman Funktion, ist sie immer auch ein erzähltechnisches Kompositionsprinzip Fontanes, um seine Erzählfiguren in ihrem sozialen Umfeld und in ihrer Psychologie zu entwickeln. Charakterisieren also im Roman die Gespräche die Erzählfigur und den Erzähler zugleich, so verfälscht die Übernahme, der Transformationsprozeß, weil die Dialoge vom Erzähler gelöst werden, der neue kommunikative Kontext eine andere Charakterisierung der Gestalten erzielt. Reden in den unterschiedlichen Medien hat einen unterschiedlichen kommunikativen Status.

Im Film erzählt das Bild; über weite Strecken erzählt es alleine. Das Dialogwort ist ihm unter- bzw. nebengeordnet. Es ergänzt, verdeutlicht, klärt. Ist es eindeutig, einfach lapidar, unmittelbar, so bedarf es keiner Redundanz, die ein Kennzeichen des Dialogs in der Alltagssprache ist. Die Handlung des Filmschauspielers, seine Gestik, seine Gebärde ergibt sich aus der Bildpartitur des Drehbuchs ohne abstrakt-begriffliche Denkakte. Seine Gebärde ergänzt er durch das Wort, das diese bekräftigt, ihr aber möglicherweise auch widerstrebt. Zum Gestischen, Theatralischen der Bühne gehört die sogenannte gehobene Ausdrucksweise, die theatralische Rhetorik, die sich ausspielen läßt. In der gebremsten Atmosphäre des Films, für den jeder Ausbruch störend wäre, werden normale, ausgeglichene Sprechweisen, eine zivile, leicht untertriebene Deklamation funktionell.

Die Symbolhaftigkeit, der starke Bildgehalt, die extreme Metaphorik sollte dem Filmdialog ebenso fremd sein wie weitschweifige, philosophierende Redepassagen. Die das Schauspiel mit charakterisierenden Monologe sind dem Film ebenso fern wie das Beiseitesprechen auf der Bühne. Ausnahmen bestätigen auch hier jeweils die Regel. Die Bildsymbolik, die Bildmetaphorik ist eine jeweils andere als die Sprachsymbolik und Sprachmetaphorik. Versuche, Sprachsymbole direkt in Bildsymbole zu übersetzen, würden eine lächerliche Bilderkolportage ergeben. (Man hat in der Literatur reflektiert über die Frage, wie der Eingangsmonolog Fausts zu bebildern sei, etwa durch das Zeigen von Tier- oder Menschenskeletten oder Teile davon bei den Worten: „umgibt in Rauch und Moder nur/Dich Tiergeripp und Totenbein [...]".)

Die Erwartung, daß ein Kumulieren von Zuordnungen nicht nur die Ausdrucksmittel vervielfältigte, sondern auch Bedingungen für eine Verdichtung der Ästhetizität schaffe, erweist sich in solchen Fällen als falsch. Die Wahrnehmung des Zuschauers besteht in einer zielgerichteten Informations- oder ästhetischen bzw. emotionellen Wertgewinnung mittels auswählender, organisierender und bedeutungszuweisender Prozesse. Jede ihm gelieferte bildliche Information ist grundsätzlich offen für verschiedene Auswertungen, die sich an der Erwartungsstruktur, an gespeicherten Denkschemata, dem angeeigneten Wissen und Wertvorstellungen orientieren. Jede Interpretation des zu Sehenden wird aber eingeschränkt durch den beigegebenen Text. Dieser steuert das Bildsehen, die Informations- und Wertaufnahme. Eine bloße Verdopplung, durch ein gleichzeitiges Vermitteln von Bild- und Sprachsymbolen, erbringt keinen Gewinn, im poetisch-ästhetischen Bereich so wenig wie im rein informatorischen etwa beim Versuch, im Fernsehen die Nachrichten als Text zu zeigen und sie zugleich verlesen zu lassen. Der Dialog und das Filmbild als audiovisuelle, als mediale Einheit simuliert in der Vielfalt der Zuordnungen und Wahrnehmungsschichten ein Maximum an Ausdruckspotential. Es ist ein mögliches Potential, das allerdings in den seltensten Fällen, in absoluten Glücksfällen voll genutzt wird.

Der Filmdialog unterscheidet sich vom Dialog der Alltagssprache selbst dann in wesentlichen Merkmalen, wenn er vorgibt, diese zu verwenden. Ausnahmen bestätigen auch hier nur die Regel. Im Filmdialog als einem literarischen Dialog gelten die von Siegfried Grosse gefundenen Charakteristika, nämlich das Fehlen von Redundanz und Rekurrenz, von Korrekturen, Neueinsätzen, eingestreuten Assertationsmorphemen etc. auch dort, wo Personen als aus dem Volk stammend, als ‚normal sprechend', extrem als umständlich, phrasenhaft leer, genau oder behäbig charakterisiert werden sollen. Ein solcher Eindruck werde etwa „durch die inhaltliche Breite des Informationsflusses" geweckt. Grosse erklärt das damit, daß alle diese Formen „den ästhetischen Normen der stilistischen Konvention" widersprechen, und Drehbuchautoren wie Filmemacher unterliegen diesen in Schule und Ausbildung eingeübten Konventionen. Die Tendenz zum knappen Dialog, die syntaktische Verkürzung der Aussagen, die dem Medium entgegenkommt, suggeriert dem Zuschauer häufiger die Nähe zur Alltagssprache, als diese wirklich gewollt und erreicht wird.

Das filmische Bild diktiert dem Zuschauer das Tempo seiner Betrachtung. Es steuert durch Kamerabewegungen oder durch die Bewegung des Dargestellten die subjektive Auswertung des dargebotenen optischen Materials. Das Wort ist Teil des Tons, muß sich gegen Geräusche und begleitende Musik durchsetzen, evtl. dagegen ankämpfen, die Aufmerksamkeit von dem eher dem Bild zugeneigten Zuschauer erheischen.

Europäische, speziell deutschsprachige Filme haben überwiegend mehr Text als amerikanische. In *High noon* z.B. treten Reaktionen, Blicke, die Art und Weise des Umgangs der Personen miteinander an die Stelle des Gesprächs. Umgekehrt sind Filme der nouvelle vague meist überfrachtet mit Dialogen, was Schwierigkeiten für die Synchronisation bedeutete und dem Publikum Probleme bereitete. Art und Weise des Einsatzes von Bild und Sprache ist kulturbedingt, ist abhängig von den Menschen, die den Film gestalten, aber auch von denen, die ihn sehen sollen.

Für den Zeichentrickfilm gelten diese Aussagen nicht. Seine Grundlagen sind kreativ-ikonische Zeichen, die durch die Kamera registriert und durch Bewegung ‚animiert' werden. Der eigentliche Schöpfungsakt geschieht in den Köpfen und den Zeichenstiften der Hersteller. Deshalb sind Phantasien mittels Zeichentricks fast unbegrenzt und ähnlich den durch Sprache ausgelösten Vorstellungsbildern. Meist wird der Bildphantasie der Zuschauer mehr Raum gegeben als beim Realfilm, weil Vieles oft nur angedeutet wird.

Beim Dokumentarfilm soll, etwa nach dem Dokumentaristen Klaus Wildenhahn, der wahre der sein, der in der wortlosen Beobachtung einer Realität besteht (Wildenhahn 1975, 111f.). Aber bedarf nicht auch der Dokumentarfilm der Sprache? Diese kann in Form von Äußerungen der abgefilmten Personen auftauchen, in Form von Interviews, etwa bei einem gedrehten Porträt, oder als Kommentar, dann sparsam aufgesprochen auf geeignete Einstellungen, etwa auf Totale oder unbewegte Szenen. Der Kommentar hat die Szene so zu beeinflussen, daß der Zuschauer es kaum merkt. Und er soll das Bild deuten und damit für den Zuschauer interpretierbar machen. Da der Dokumentarfilm eher Elemente des Fernsehens verwendet, ist er inzwischen aus den Kinos dorthin abgewandert.

Wochenschauen wurden als ‚gefilmte Zeitungen' charakterisiert, als Weiterentwicklung vom Pressebild zum ‚bewegten Pressebild'. Sie versuchten, dem Anspruch auf Aktualtität gerecht zu werden, konnten aber nur das bieten, was sich vor Ort ablichten ließ. Dabei dominierte jeweils das Unterhaltende über gesellschaftsrelevante und politische Themen (Rennigs 1956). Im Dritten Reich wurde *Die Deutsche Wochenschau* zu Propagandazwecken eingesetzt. Zu sehen gab es vor allem Aufmärsche, Kundgebungen, Veranstaltungen der NSDAP und Übungen der Wehrmacht. Die 1949 gegründete *Neue Deutsche Wochenschau* gab sich regierungsfromm und national. Die ab 1956 täglich gesendete *Tagesschau* im Fernsehen wurde zur mächtigen Konkurrentin der Wochenschau. Die setzte noch deutlicher auf unterhaltende Elemente, räumte vor allem dem Sport breiten Raum ein.

Zur Zeit verliert das Zelluloid Schritt für Schritt seine Rolle als Trägermaterial wie der Film sein Handwerk. Die elektronische Filmproduktion erleichtert vor allem die Montage. Der gesamte Schnittablauf wird koordinierbar. Der gesamte Ablauf wird von der Schnittsteuerung geleitet. Mit ihr werden nachträglich Tilgungen, Umstellungen, Einbettungen möglich, ebenfalls nachträgliches Verlängern oder Kürzen. Möglich werden Routinen, Reproduktion des Gleichen oder des Gleichen mit Änderungen. Man kann Varianten oder Kopien vom Original automatisch herstellen. Der Computer erfüllt die Operationen reibungslos. Verloren gehen die sinnlichen Momente und Elemente der manuellen Montagearbeit (Schumm 1989).

5.2. Fernsehen

Seit dem Ende des 19. Jahrhunderts strebten Modelldenker und Technikpraktiker danach, ein Live-Bild-Wort-Medium zu schaffen. In der Weimarer Zeit wurden Experimente veranstaltet, die mit Etiketten wie ‚Radiomovie', ‚Bildfunk', ‚Fernkino', ‚Funkfilm', ‚Fernsehsprechverkehr', ‚Bildrundfunk', ‚Fernkinematographie' o. ä. versehen waren. In der NS-Zeit betrachtete man das Fernsehen als den besseren Rundfunk, weil man es wie diesen als Propaganda- und Agitationsinstrument einsetzen wollte. Der Durchbruch kam jedoch erst Anfang der fünfziger Jahre und ging einher mit einer Verlagerung des Bild-Wort-Konsums aus dem öffentlichen in den Privatbereich. Als 1957/58 die Verbreitung des

Fernsehens die Millionengrenze überspringt, sinkt der Kinobesuch dramatisch. Aus anfänglichen knapp zwei Stunden Versuchsfernsehen wurde schnell ein Programm mit strukturiertem Zeitraster, das sich dem Alltag der Menschen anschmiegte. Feste Sendeplätze wurden eingerichtet für die Nachrichten, für Magazine, Shows, Serien, Spielfilme usw. Dieses Angebot wird so gut genutzt, daß jeder Deutsche ca. 1 000 Stunden im Jahr vor dem Fernseher verbringt, was hochgerechnet pro Menschenleben etwa sieben Jahre ergibt.

Nachhaltiges Zuschauerinteresse fanden die Volkstheaterstücke, die live aus dem Kölner Millowitsch- oder dem Hamburger Ohnsorg-Theater übertragen wurden, Kabarettprogramme, der Skatabend (*18, 20, nur nicht passen*) und der sonntägliche Stammtisch *Der internationale Frühschoppen*. Er wie etwa die Erzählserie *Familie Schölermann* wurden vom Radio übernommen. Am Samstagabend gab es die großen Quiz-Shows mit den Quizmastern Peter Frankenfeld und Hans-Joachim Kulenkampff. Das Fernsehen baute sein Programm kontinuierlich aus. Am 1. April 1963 begann das ‚Zweite Deutsche Fernsehen' mit seinen Ausstrahlungen.

Zu Beginn des Fernsehens stehen sich wiederum zwei Prinzipien extrem gegenüber. Den Theaterinszenierungen für das Fernsehen wird das sogenannte Originalfernsehspiel als das eigentliche gegenübergestellt. Es handelt sich dabei um ein eigenes für das Medium Fernsehen geschriebenes Stück, das zunächst nicht auf einer Literaturvorlage basiert. Autoren für solche Stücke fanden sich allerdings nur schwer, und sie waren meist identisch mit den Film-, Theater- und Hörfunkautoren, wie auch Regisseure und Schauspieler in den verschiedenen Medien wirkten. Am Anfang der Fernsehspielproduktion steht die These, daß dieses sich am Wort, nicht am Bild zu orientieren habe. Modellhaft wurde das Hörspiel, das als Sprachkunstwerk den Schriftstellern näher lag als der Film, der den spezialisierten Drehbuchautor erforderte. Obwohl man von Seiten der Produzenten wie der Kritiker auf das angelsächsische Fernsehspiel hinwies, das seine Alltagsnähe, seine Spannung oder Möglichkeiten für die Zuschauer zu Selbstidentifizierung auch aus der knappen, lebendigen Sprache bezog, konnten sich deutsche Autoren lange nicht von ihren literarischen Ansprüchen lösen. Erst die Hinwendung zum Dokumentarspiel, mit einer Verwendung von Originaltexten und die Erfolge von Krimi- oder Spionagestories mit klarem Rollenschema und einfachen Dialogen brachten eine gewisse Abkehr von der Dominanz des Wortes gegenüber dem Bild. Eine Trivialisierung wurde dabei durchaus in Kauf genommen. Vor allem in den Kriminalserien, speziell in denen von Reinecker, wird versucht, mit sprachlich-stilistischen Mitteln die Dialoge als zur gesprochenen Sprache gehörend zu kennzeichnen.

Beispiel 1:
Derrick – Ein tödlicher Preis (ZDF)

Entschuldigen Sie bitte!	Harald Dornwall öffnet die Türe zu seiner Wohnung
Was ist denn mit Ihnen passiert?	Klein kommt herein, schaut auf dessen Gesicht.
	Harald schließt die Tür, wendet sich Klein zu.
Ich seh schlimm aus, was?	
Ich bin die Treppe runter gefallen, ein ziemlich böser Sturz.	
Hier im Hause?	Klein
Ja, vor ein paar Minuten.	
Bitte kommen Sie!	Harald, schaut kurz in Richtung Türe. Er und Klein gehen nach rechts, den Flur entlang, dann links durch Türe aus dem Bild. Beide kommen in das Wohnzimmer, bleiben an der Türe stehen.
	Klein schaut Harald an, zeigt kurz auf ihn:
Tut das nicht schrecklich weh?	
Es geht schon. Weswegen sind Sie gekommen?	Harald
Ja, wir ermitteln natürlich weiter ...	Klein
Bitte!	Harald macht eine zum Sitzen einladende Handbewegung.
... Danke, und stellen alle möglichen Überlegungen an. Für uns war die Frage, ob der Koffer nicht doch in dem Mordfall eine Rolle gespielt hat!	Klein geht nach links, Harald folgt ihm in die Sitzecke. Klein setzt sich links vorne in einen Sessel, Harald rechts hinten auf das Sofa.
Wir denken, ja!	
Das denk ich auch, ja!	Klein (Großaufnahme seines Gesichts)
Obwohl, es erscheint da etwas ungereimt ..., ich mein ... der Besitzer hat zwar seinen Koffer wiederbekommen, es gibt also eigentlich keinen Grund ... warum man ihren Vater ermordet hat ..., es sei denn ..., und das ist wirklich nur 'ne Möglichkeit – Könnte es sein, daß der Besitzer seinen Koffer nicht unversehrt zurückbekommen hat?	Harald, nickt.
	Klein, schaut zu Boden, dann auf in Haralds Gesicht.
	Schaut wieder auf den Boden.
	Klein (Stimme aus dem Off) Haralds Gesicht in Großaufnahme.
	Klein schaut auf Harald
Um es direkt zu sagen ... könnte Ihr Vater dem Koffer etwas entnommen haben?	Harald, schüttelt leicht den Kopf
	Klein, schaut zu Boden. Sieht Harald ins Gesicht

Was wollen Sie damit sagen?	Harald, beugt sich vor
Wollen Sie sagen, daß er den Koffer aufgebrochen hat, daß er ein Dieb ist?	
Ich sprach nur von einer Möglichkeit.	Klein, sieht kurz weg, dann zu
Ihr Vater könnte etwas herausgenommen haben.	Harald.
Ja, was denn? Wolln wer gleich nachsehen, alles untersuchen ...	Harald (laut), erregt
alles auf den Kopf stellen?	(Stimme aus dem OFF)
Bitte!	Klein schaut weg
Sie müssen es ganz sachlich sehen, wie gesagt, es ist nur eine Möglichkeit!	Klein sieht Harald an
Ja, schon gut ... Ja, schon gut ...	Harald, steht auf
... ich hab's gehört ...	läuft zur Türe.
... besten Dank. Ich werd nachsehen und Ihnen dann Bescheid sagen.	Bleibt dort stehen und zeigt auf die Türe. Klein steht auf, sieht Harald an, geht an ihm vorbei. Harald schaut ihm kurz ins Gesicht. Klein geht aus dem Zimmer, Harald folgt ihm.

Bayerische und Münchener Akzentuierung kennzeichnet viele der handelnden Personen. Die in der Umgangssprache üblichen Abschleifungen und phonetischen Verkürzungen sind häufig (‚Nich' statt ‚nicht'; ‚Das denk ich' statt ‚das denke ich'; ‚ne' statt ‚eine'). Die lexikalische Ebene weist Deiktika auf (‚In dem da' = im Hotel), Füllsel (‚Ja', ‚denn', ‚doch'), Interjektionen (‚ja was denn'). Demonstrativa ersetzen Personalpronomina. Syntaktisch häufig sind Wiederholungen (‚Was wollen Sie damit sagen, wollen Sie sagen ...'), Anakoluthe (‚Obwohl, es erscheint da etwas ...'), Ellipsen (‚Was willst denn machen ...'), Parenthesen ('..., ich mein, ...'), inkorrekte Wiedergabe ... indirekter Rede (‚Da hieß es, er ist nicht da'), Satzabbrüche (‚Aber Du sagst doch, daß ...'), Parallelismen (‚Er hielt es für möglich, war aber ... Er wollte ..., aber ...'), Ergänzungen (‚der Mörder, ich hab mit dem Mörder gesprochen'), nachgestelltes Subjekt (‚hört sich nich gut an, Dein Husten'), Reduplikationen (‚Kinder' – ‚Ach, Kinder ...'). Einzelne Personen werden sprachlich zu charakterisieren versucht, etwa durch überzogenen Gebrauch sprachlicher Füllsel, trotzdem bleiben alle Dialogpartien klischeehaft, vorhersagbar, da über die gesamten Serien hinweg und diese übergreifend, bei Reinecker vom *Kommissar* zu *Derrick* fortschreitend, die gleichen Versatzstücke verwendet werden. Außerdem fehlen typische Merkmale der gesprochenen Sprache wie Nachhaken, Stellen von Verständnisfragen, gleichzeitiges Sprechen usw. Literarisch anspruchsvolle Fernsehfilme setzen auch dagegen vor allem auf die Wirkung des Wortes, auf den nuancenreichen Dialog. Dieter Wellershoff, der davon ausgeht, daß im Fernsehfilm die „Inhalte dominieren, nicht die optische Suggestion", zeigt dies an folgendem Text:

Beispiel 2:
Glücksucher

7. Auf der Straße   Außen/Nacht
Odenthal und Isa gehen nebeneinander her

Isa: Aber Sie waren doch sicher noch eingeladen. Man rechnet doch mit Ihnen. Sie können nicht einfach wegen mir ...
Odenthal: Es ist nicht wegen Ihnen.
Isa: Oh, es ist gut, daß Sie das sagen. Jeder andere Mann ... Ich meine die, an deren Umgang ich gewöhnt bin ...
Odenthal: Ja, was ist damit?
Isa: Ach, sie hätten ein Kompliment gemacht an dieser Stelle, das Übliche. Entschuldigen Sie, mein Auto steht um die Ecke, wenn Sie bis dahin mitkommen ...
Odenthal: Sie haben mir heute Abend eine Nachricht geschickt, daß Sie mich sprechen wollen.
Isa: Das ist nicht mehr so wichtig jetzt, auch nicht mehr so angebracht. (Kleine Pause) Ich hatte vor, Sie einzuladen. Wie soll ich es sagen? Mein Mann ist Industrieller. Wir führen ein großes Haus. Und ich habe vor einem Jahr einen Diskussionskreis gegründet, der sich auch mit Literatur befaßt. Aber auch mit gesellschaftlichen Problemen. (Kleine Pause) Es ist grotesk, daß ich jetzt damit anfange, entschuldigen Sie. (Kleine Pause) Diese Veranstaltungen, diese Auftritte müssen doch für Sie schwer erträglich sein.
Odenthal: Nicht immer.
Isa: Ich habe so etwas noch nie erlebt. Diese Rücksichtslosigkeit, dieser Wunsch zu verletzen. Ich dachte, es verschlägt mir den Atem.
Odenthal: Ich hätte nicht mich exponieren dürfen, dann wäre alles anders gelaufen. Aber ich war nicht kühl genug.
Isa: Es sah so aus, als ob er recht hätte.
Odenthal: Sicher. Vielleicht hat er es auch. Er muß meine Gleichgültigkeit gespürt haben, die Gleichgültigkeit hinter der Reizbarkeit.
Isa: Ja, Sie waren ungeduldig. Sie wollten es hinter sich bringen.
Odenthal: Kennen Sie das nicht?
Isa: Ich versuche, dagegen anzugehen, ich versuche teilzunehmen. Ich glaube, es ist gefährlich, es ist nicht mehr zu können.

Sie bleibt stehen.

So, hier ist mein Auto. Soll ich Sie ins Hotel fahren?
Odenthal: Nein, danke, ich gehe gerne noch durch die frische Luft. Wohnen Sie in der Nähe?
Isa: Ich wohne gar nicht hier. Ich bin zu Besuch bei meiner Schwester für ein paar Tage. Gestern las ich in der Zeitung, daß Sie hier sein würden. (Kleine Pause) Ich habe Ihnen vor zwei Jahren schon einmal geschrieben.
Odenthal: So, das muß ich nachprüfen.
Isa: Ein Leserbrief, eine unaufrichtige Albernheit. Ich war beeindruckt von dem, was Sie geschrieben hatten, aber doch nur, um von mir selber zu sprechen.

Odenthal:	Das ist immer so.
Isa:	Nein, das kann nicht wahr sein. Es wäre jedenfalls nicht gut. (Kleine Pause) Entschuldigen Sie.
Odenthal:	Was?
Isa:	Ich suche herum. Ich falle allen Leuten zur Last. Das war irgendwie ein verdrehter Abend, ich muß darüber nachdenken.

Sie gibt ihm die Hand.
Gute Nacht.
Odenthal: Gute Nacht.
Schnitt, während sie sich noch ansehen.
(Wellershoff 1979, 318f.)

Für die Adaption von Literaturvorlagen als Fernsehspiele standen dramatische Werke, epische Werke und, in geringer Zahl, Hörspiele zur Verfügung. Gegen letztere richtete sich von vorneherein das Argument, daß das hinzutretende Bild funktionslos bleiben müsse, weil sie ganz aus dem Wort lebten. Wegen der eigenen Anschaulichkeit der Texte konnte beim Zuschauer leicht eine eigene Bildvision entstehen, zu der die gesehene nicht paßte. Theaterstücke ließen sich dagegen direkt übernehmen, obwohl hier Praktiker und Kritiker bald darauf verwiesen, daß sich der Bildschirm gegen Monologe, gegen das Pathos gebundener Sprache und die Kostümierung sperre. Die beim Fernsehen in der Bundesrepublik Deutschland lange einzig erfolgreiche Art von Theater, die der Ohnsorg-, Millowitsch- oder Löwinger-Bühnen, operierte nicht nur dramaturgisch mit Versatzstücken, Stereotypen und Klischees, sondern auch auf der sprachlichen Ebene.

Bei der Adaption prosaischer Werke scheinen eher die bevorzugt zu werden, in denen dem Dialog eine vorrangige Stellung zukommt, so daß er bei der Umgestaltung weitgehend übernommen werden kann. Wo die erzählenden Passagen vorherrschen und die Vorlage, aus thematischen Gründen oder aus der immer wieder beschworenen Stoffnot heraus, dennoch übernommen werden, wird eine nahezu absolute Dialogisierung angestrebt. Für Übernahmen und Dialogisierung gilt die für den Film schon aufgezeigte Autonomisierung, die Herauslösung aus der Vorlage, aus dem Bezug zum Erzähler, die kommunikative Veränderung des Dialoggeschehens. So wird bei Fassbinder aus dem vierhundertseitigen Roman *Berlin Alexanderplatz* von Alfred Döblin eine vierzehnteilige Fernsehserie mit insgesamt 931 Fernsehminuten. Der 1931 nach dem gleichen Buch gedrehte Spielfilm dauerte nur 88 Minuten. Sind Auslassungen und Verkürzungen Charakteristiken der Verfilmung, so neigt das Fernsehen zu Weitschweifigkeit und Detailismus, weil hier Produktionen per Minute Sendezeit bezahlt werden. Wie im Originalhörspiel wird bei den Adaptionen immer wieder darauf verwiesen, daß Fernsehfilme eine stärkere Dialog- bzw. Sprachorientiertheit besitzen als Filme im allgemeinen. Das wird einmal mit dem Rezeptionsverhalten zusammengebracht, mit dem stundenlangen Sehen des Fernsehprogramms, unabhängig davon, ob ein Fernsehspiel eingebettet ist zwischen Nachrichten, Unterhaltungssendung und wieder Nachrichten, oder ähnlich, mit dem Betrachten des Films ‚bei Licht', während der traditionellen oder üblichen familialen Gruppensitzungen vor dem Bildschirm, wobei das kommentierende Gespräch oder die Nebenbeschäftigung an der Tagesordnung sind. In dieser Kommunikationssituation ist der Zuschauer nicht oder weniger eingestimmt auf das zu Sehende als beim Film, wo er sich in das Kino begibt und im abgedunkelten Raum sitzt. Er kann das Bild in seinen Rahmen dadurch verweisen, daß man den Standort verläßt oder sich für Zeit überhaupt vom Bildgeschehen abwendet. Da das gesamte Fernsehprogramm der gelockerten Rezeptionshaltung Rechnung trägt, muß die Aufmerksamkeit des Zuschauers/Zuhörers vor allem über den Ton angereizt werden. Das bedeutet einen grundsätzlich antivisuellen Charakter dieses Mediums, zugleich aber auch einen „Wortlärm" (Amos Vogel), eine „Sprachbefallenheit" (Uwe Gaube), die auch in den Fernsehfilm durchschlägt.

1984 fiel das öffentlich-rechtliche Fernsehmonopol. Das private Fernsehen übernahm in seiner Anfangszeit all die Stoffe und Formen, die das öffentliche ignoriert hatte, die gesamte Breite des Trivialen von Herz und Schmerz, Sex und Crime, Boulevard und Astrologie. Bei der Information setzte man vor allem auf Unterhaltungselemente, weshalb Nachrichten in einem Unterhaltungsformat präsentiert wurden. Sachverhalte wurden nicht mehr argumentativ erläutert, sondern anhand anschaulicher Bilder und Geschichten inszeniert (Boulevardisierung). Wo Bilder fehlten, entfiel die Berichterstattung. Ein Hinweis auf diese Tendenz gibt das Auftauchen des Begriffs ‚Infotainment' für unterhaltsam dargebotene Information. Vorreiter ist das amerikanische Fernsehen, bei dem etwa die Übermittlung politischer Statements von 1968 bis 1988 auf eine Dauer von durchschnittlich 42,3 auf 9,8 Sekunden sank. Der Zuschauer gewinnt dann ein flüchtiges Bild vom sprechenden Politiker, nicht aber von seiner Aussage. Erst im Wettbewerb um die Einschaltquoten näherten sich in den neunziger Jahren die Programme wieder an, was meist auf Kosten der vorherigen Qualität der Öffentlichen ging.

Die Elektronik läßt die Bedeutung des physikalischen Ortes schrumpfen und konfrontiert die Nutzer mit realitätsnahen Bildern, die durch eine dichte Verknüpfung von optischen und akustischen Reizen, Bewegungen und Einstellungen, raschen Schnitten, Szenenschwenks, Zoom-Fahrten, Zeitraffer, Tricks und Spezialeffekten, symbolischen und ikonischen Zeichen die Distanz zur Realität reduzieren. Das politische und gesellschaftliche Geschehen rückt in die nächste Nähe der Menschen, in ihr Wohnzimmer, und bedrängt sie. Der Mensch ist eingebettet in eine Fernseh-, eine Kommunikationswelt, die ihn immer mehr fesselt, ihm immer mehr von seinem Zeitbudget abverlangt. Publizisten wie Agierende, etwa Politiker, inszenieren Ereignisse, bereiten sie dramaturgisch wie emotionell auf, setzen eine Welt ‚in Szene', wie sie verdichteter sonst nie auftaucht. Das Fern- und Nahgeschehen wird in Szenen und Minidramen zerlegt, vorgeführt, aber immer weniger erklärt.

Die seit Mitte der siebziger Jahre verbreitete Fernbedienung macht es den Zuschauern möglich, sich durch die Programme zu zappen. Der damit in den Familien zum Teil ausgelöste Kampf um die Programmherrschaft wurde durch die Anschaffung von Zweit- und Drittgeräten gelöst.

Betrachtet man das Fernsehangebot als Collage, als Mixtur unterschiedlichster Elemente, hier allerdings im nahezu ununterbrochenen Fluß, so zeigt sich, daß heute die Bild-Elemente weit stärkere Beachtung finden als die sprachlichen. Wenn auch wichtige Unterscheidungsmerkmale zum Film bestehen, etwa technische (Filmband contra elektronische Zeilen; kleiner Bildschirm mit damit verbundenem Verlust der Suggestion; begrenztes Auflösungsvermögen; Reduktion der Informationsdichte; Bevorzugung des Zooms statt der Kamerafahrt), solche der Ausstattung (Fortfall der Preziosität kinematographischer Operationen zugunsten einfacher Lösungen aus Zeit-, Technik-, Geld- oder Phantasiegründen), der Empfangssituation, dem Live-Prinzip, der massenmedialen Verbreitung (Bilderschwemme, Bildinflation, Senkung der optischen Ansprüche), so betrachten TV-Theoretiker wie TV-Praktiker das Fernsehen primär als Bild-Medium, als Medium, das dem Variationspool der Bilder den größten Raum zugesteht. Visuelle Wahrnehmbarkeit bildlicher Variation ist unentbehrlicher Ausgangspunkt des Fernsehens. Aber für bewußte kreative Bildgestaltung fehlen Zeit und Geld, so daß die bildlich-formale Gestaltung von Tatsachen, Berichten, Meinungen überwiegend als beliebig austauschbar gesehen werden muß. Werden die filmischen Formen nicht entsprechend den Inhalten mitgedacht, mitgeplant, mitgestaltet, so bleiben die übermittelten Inhalte folgenlos, verschwinden in der ‚Bilderschwemme'. Fernsehen als Bild-Kunst wäre möglich. Die Sternstunden sind aber verschwindend gering. Die Anerkennung einer Ästhetik des Aktuellen, Spontanen, Fragmentarischen, speziell auch des Journalistischen, führte weg vom Kunstcharakter des Mediums, hin zum überwiegend Live-Informierenden, zum ‚restringierten Code' auf der Bild- wie Textebene in Richtung auf ‚Inszenierung der Realität'. In das auf Dauerkonsum angelegte Programm, in dem ein Beitrag jeweils den vorhergehenden ‚verdrängt', sind alle Elemente psychohygienischen Wissens eingebaut: Reizflut, leicht zu erreichende Ablenkung, Entmüdung, Entspannung, Problemverdrängung, Kulissenwechsel. Die entwickelte Ästhetik entspricht allen elementaren Forderungen der Wahrnehmungspsychologie: prägnante Figuren (überschaubarer Aufbau der Einzelsendungen, Ankerpersonal; geometrische Ballette etc.), dynamische Elemente (Musik), Wiedererkennungseffekte (Publikumslieblinge), überraschende affektive Einschübe (Humor), Präsentation des Unvorhersehbaren (Quiz, Rätsel), Präsentation des Unwahrscheinlichen (Zauberer), des Risikoreichen (Artisten), des von herkömmlichen Normen Abweichenden (Exoten), des Signalisierenden (Erotisches, Buntes, Glitzerndes). Die Wirkung bleibt aber flach, weil keine programmatischen, inhaltlichen ‚Superzeichen' produziert werden, die sich durch ihre Gestaltqualität einprägen könnten. Lediglich die zahlreichen Wiederholungen von Typen, Stereotypen, Klischees als rhetorische Mittel des Bildes und vor allem auch der Sprache führen durch Redundanz zur ritualisierten Wahrnehmung. Zuschauer erlangen eine echte Kennerschaft elektrifizierter Bildwelten, verwechseln diese dann oft mit der realen Welt. Sie erlangen mit allen anderen Fernsehern ein Wissen über eine sonst in ihrer Komplexität unerfahrbare Welt. Es entsteht ein annähernd weltweites telepräsentes Wissen, das eine Realitätskonstruktion als optische Wirklichkeit vortäuscht.

So hat das Erscheinen stets der gleichen Politiker in den Nachrichten und Magazinen beim Zuschauer affektive Reaktionen zur Folge, nach denen im Hinblick etwa auf Wahlentscheidungen die Person des Kandidaten oft weitaus wichtiger wird als die Frage, welcher Partei er angehört und welches Programm bzw. welche Ideen und Willensbekundungen er vertritt. Die tägliche optische Präsenz politischer Mandatsträger oder -bewerber auf dem Bildschirm kann deshalb verantwortlich gemacht werden für die immer stärker werdende Personalisierung der Wahlkämpfe. Indem das Fernsehen immer wieder und immer erneut den Augensinn mit den gleichen Prominenten aus der Politik bedient, leistet das massiv der Entwicklung Vorschub, bei der eine rationale Auseinandersetzung mit den komplexen politischen und gesellschaftlichen Sachverhalten und Problemen immer mehr schwindet zugunsten einer Beurteilung von Personen. Persönlichkeitseindrücke und damit ausgelöste Sympathien und Antipathien steuern dann das Wahlverhalten, werden ausschlaggebend für Wahlgewinne und -verluste. Amerika war hier Vorreiter, richtete seine Wahlkämpfe aus im Sinn einer optimalen Übertragbarkeit durch das Fernsehen und sorgte für eine ‚Amerikanisierung' von Wahlkämpfen auch in Europa, besonders auch in Deutschland (Frey 1999; Straßner 2000).

Umgekehrt werden Alltag und Alltäglichkeit in vielen Serienangeboten in einer solchen Dichte inszeniert, daß mittlerweile dort eine eigene Alltags-Scheinwelt entstanden ist. Strukturell hat sich eine Dramaturgie entwickelt, die vorwiegend von drei Handlungssträngen ausgeht, innerhalb derer 12 bis 15 Akteure einen Alltag spielen, der sie ständig gegenseitig begegnen läßt. Die Darstellungscharakteristika sind geprägt von Privatisierung, Personalisierung und Intimisierung, alle eingebettet in einen Hintergrund emotionaler Spannung. Die Personalisierung bringt es mit sich, daß die Darsteller vor allem Rollenklischees erfüllen, daß ihre Verhaltensweisen, Aktionen und Reaktionen vorhersehbar sind für die Zuschauer, dort aber auch Ansatzpunkte sind für Fanbindung, getragen von Figuren- und Charakterwissen. Ständig tauchen neue Probleme auf, Konflikte, die zur Lösung anstehen mit den vorhandenen privatistischen Mitteln und Möglichkeiten. Die Probleme und Konflikte ranken um Liebe und Partnersuche, Sexualität, Eifersucht, Schuld, daneben um Erziehungsfragen, die Rolle der Familie, der Heranwachsenden, von Existenzfragen, Krankheit und Tod. Kriminalität und Verbrechen stehen im Zusammenhang mit Beziehungsauseinandersetzungen. Die Problem- und Konfliktdarstellung erfolgt vorwiegend unter einer individualistischen bzw. orivatistischen Sichtweise, wobei Expressivität und Emotionalität eines Geschehens im Mittelpunkt stehen. Die Gefühlsgeladenheit wird vor allem über die Dialoge präsentiert. In ihnen konzentrieren sich Liebe ebenso wie Eifersucht und Haß (Göttlich/Nieland 1998).

Eine andere Form medialer Alltagsinszenierung sind die täglichen Talkshows. Hier reden die Gäste selten miteinander. Sie üben sich in Selbstdarstellung und machen ihre Privatheit öffentlich. Die von Moderatoren eingeführten Thematiken sollen dazu animieren, Ungewöhnliches zu berichten, Konflikte zu artikulieren, Geständnisse abzulegen, Partner zu beschuldigen, alles nicht um Lösungen anzusteuern, sondern die im Studio Anwesenden wie die am Fernseher lauschenden Zuschauer zu unterhalten. Vorgeführt werden vor allem Menschen, die von gesellschaftlich anerkannten Verhaltensnormen abweichen, sich entblößen lassen, ihre kleinen Perversitäten etc. enthüllen wollen. Themen sind persönliche Beziehungen und deren Konflikte und Krisen, Familie, Verwandtschaft, Freundschaft, Sex, Gewalt, Geld, Arbeit bzw. Arbeitslosigkeit. Bedeutsamer als die Themen ist die Art, wie über sie geredet wird und wie die Redenden sich der Kamera und damit den Zuschauern präsentieren.

Im Fernsehen ist die reproduzierte Welt oder Wirklichkeit eine bebilderte, z.T. eine vertonte. Sprache müßte in ihr zusätzlich eine Textwelt schaffen, die mit der Seh-, Hör- und Sinneswelt zu verknüpfen wäre. Die Sprache müßte Brückenfunktion erhalten, diese verschiedene und sonst getrennte Welt zu verbinden. Über ein sorgfältiges Formulieren der Texte, über eine möglichst genaue Kongruenz der Texte mit den Bildern, Geräuschen und der Begleitmusik müßte eine Einheit geschaffen werden, die über das Medium die Orientierung in der realen Welt für den Zuschauer erleichtern würde. Wo Sprache die Phantasie anregt, sie hungrig macht auf ihre eigenen Bilder, da bietet das Fernsehen eine Bilderflut an, sättigt damit die eigenen Vorstellungen, übersättigt sie aber meist. Phantasie wird dann vom Rezipienten gar nicht mehr erst gefordert. Bilder führen zu Bildern, die die Assoziation anregen können, die Umsetzung in Sprache bzw. die Deckung mit dem angebotenen Text aber verhindern. Die Orientierung des Zuschauers verbleibt in der Seh- und Hörwelt des Mediums, die ein Fertigbild anbietet, das die Mühe des Selbstbewältigens erspart. Die Fernsehwelt zeigt eine Als-Ob-Welt, suggeriert das Dabeisein sowohl in der Nah- wie in der Fernwelt, ersetzt das eigene Denken und Sprechen, die Eigensprache. Dauerkonsum des Mediums führt zur Sprachlosigkeit, wenn es hochkommt, zur Übernahme des Medienjargons.

Beim Programmkonsum ist es den Zuschauern meist nicht möglich festzustellen, woher die Bilder stammen, die er vorgesetzt erhält, denn die Bilder tragen in der Regel kein Logo des Anbieters. So berichten Reporter zu Agenturfilmen, die sie auch umschneiden können. Als etwa Peter Arnett im Golfkrieg für CNN aus Bagdad reportierte, wurden die Aufnahmen für seine Berichte und seine Aufsager von einem Kamerateam gedreht, das für Worldwide Television

News (WTN) arbeitete, und das auch die Satellitenübertragung sicherstellte. WTN vertreibt ausschließlich Nachrichtenfilme, auf die vor Ort oder in der Redaktion Texte gesprochen werden können. Diese sind oft aktueller als die Bilder, weshalb sich für den Zuschauer eine Text-Bild-Schere auftun kann. Reuters Television und Associates Press Television (APTV) liefern ebenfalls Filme für die deutschen Fernsehanbieter, vor allem für die privaten. Die Redaktionen müssen sich darauf verlassen, daß die gezeigten Bilder realen Ereignissen entsprechen. Eine Verifizierung ist ihnen kaum möglich. Eine schriftliche Begleitinformation gibt Hilfestellung zusätzlich zum Originalton, der aber meist ersetzt wird, weil aktuellere textliche Agenturunterlagen vorliegen. Viele Fernsehsender, etwa CBS, ABC, CBC oder CNN verkaufen ihre Filmbeiträge weiter, die für Zuschauer dann oft auch wie Eigenprodukte der aussendenden Anstalten erscheinen. Nachgefragt wird bei den Agenturen nicht nur aktuelles Nachrichtenmaterial, sondern auch Materialien für Magazinprogramme. Bevorzugte Gebiete sind Sport, Gesundheit, Umwelt, Tiere, Verbrechen, Kunst, Geschichte, Wissenschaft, Unterhaltung (Film, Musik, Theater, Mode, Tanz etc.) und Kurioses. Auch Kindersendungen und Spielshows werden beliefert.

Mit Hilfe der Digitaltechnik wird sich die technische Übertragungskapazität wesentlich erweitern lassen. Während bisher pro Kanal ein Programm gesendet wird, machen es Datenreduktion und -kompression möglich, in einem Kanal bis zu zehn Programme zu verbreiten. Vorangehen werden die gut etablierten Free-TV-Angebote, die sich durch Werbung finanzieren. Hinzukommen werden Pay-TV-Kanäle, die als Pay-per-Channel- oder Pay-per-View-Angebote abonniert werden können, außerdem Near-Video-on-Demand-Angebote, Dienste, bei denen der Interessent in die Lage versetzt wird, über den Zeitpunkt seines Medienkonsums relativ frei zu entscheiden. In einem nächsten Schritt wird die Digitalisierung zu einer Aufhebung der unterschiedlichen Verbreitungswege für unterschiedliche Medien führen. Man wird einerseits einen Spielfilm über das Telefonnetz auf einen Computermonitor übertragen können und andererseits über das Breitbandkabelnetz telefonieren. Man kann mit dem Web-TV über ein Fernsehgerät Internetinhalte abrufen, und bald wird ein einheitliches Multimediaterminal Telefon, Fernseher und Computer integrieren.

Werbung gibt es in der ARD seit 1956, im ZDF seit 1963. Die Entwicklung ging vom Schwarz-Weiß- zum Farbspot, der eine größere Reizwirkung für die Zuschauer bietet. Verwendet werden wegen des kleinen Bildschirms Aufnahmen aus dem Nahbereich, also die Bildeinstellungen halbnah, nah, groß, extrem groß. Die Einstellungen wechseln meist in schneller Folge (ca. 2,4 Sekunden je Einstellung). Wegen der geringeren Kosten wird mit Schnitten und nicht mit Blenden gearbeitet. Die Sprache wird auf die Bilder abgestimmt. Die Aussage gibt dem Produkt meist die Identität. Bild- und Wortbild-Marken heben das Markenimage, können das Markensymbol international wie national einprägsam machen (Seyfarth 1995).

Ergänzend zum Bild-Text-Programm bietet das Fernsehen auch ‚Video-Texte' bzw. ‚Bildschirmtexte' (Interactive Videotexts). Diese werden mit dem Fernsehsignal in der Austastlücke übertragen, fortlaufend gesendet und zyklisch wiederholt. Der Nutzer wählt die ihn interessierenden Seiten per Fernbedienung. Geboten werden Programmübersichten, Nachrichten, Aktuelles, Wetter, Börse, Sport, Service (Kultur, Ratgeber, Gewinnzahlen, Reise/Verkehr, Rätsel, Quiz, Computer, Kochrezepte etc.) und Medien (Adressen, Publikationen, Interna der Fernsehanstalten, Einschaltquoten). Die Regionalsender der ARD ergänzen mit Landes- und Regionalmeldungen im Nachrichtensektor, Stellenangeboten der Landesarbeitsämter, Theater- und Kinotips, Flugplänen, Verkehrshinweisen, Presseschauen etc. Die privaten Fernsehanbieter bieten Werbung oder jugendrelevante Themen (VIVA). Angeboten wird stets ein zielgruppenrelevantes Programm, dessen Interaktivität noch ausbaufähig ist.

5.3. Videoclip

Mit dem Videoclip, auch Musikvideo genannt, entstand Ende der siebziger Jahre eine neue mediale Form, die strikt an einen Song gebunden ist und versucht, diesen in etwa 3 bis 5 Minuten visuell umzusetzen. Musikfilme und Jugendsendungen des Fernsehens boten den Präsentationsrahmen, außerdem Diskotheken und Clubs. Vorläufer waren auf 16 Millimeter gedrehte Musikfilmchen, die zwischen 1940 und 1960 auf Projektionsschirmen von Jukeboxen gezeigt wurden. Diese mit den Namen Soundies, Snaders oder Scopitones standen in Bars, Hotels, Bowlingbahnen oder Bahnhöfen und liefen ab nach Einwurf einer Münze. Die eigentlichen Möglichkeiten bot jedoch das Fernsehen. *American Bandstand*, *Your Hit Parade*, *Shinding!* und *Popclips* in den USA, *Juke Box Jury*, *Top of the Pops* und *Ready Steady Go* in England sowie Mike Leckebuschs *Beat Club* in der Bundesrepublik hießen die Sendungen, die ab Mitte der sechziger Jahre filmisch vorfabrizierte Starauftritte einsetzten oder durch visuelle Effekte und Ausstattungselemente im Studio Clipansätze boten. Spektakuläre Auftritte wie die der Beatles in der amerikanischen *Ed-Sullivan-Show* 1964 führten zur Idee, Promotionsfilme extra für solche Sendungen zu drehen. 1967 nahmen die Beatles ihr legendäres *Sergeant-Pepper's-Album* auf, das als Magnetband überall dort verbreitet wurde, wo Fans zum Kauf der Platte anzuregen waren. Ein anderer Vorgänger der Videoclips waren Film-Demos von Sängern und Gruppen, die große Plattenfirmen drehen ließen, um sie während landesweiter Firmenmeetings vorzuführen. Firmenmitglieder sollten eine Vorstellung von den Künstlern bekommen, für die sie werbend und verkaufsfördernd einzutreten hatten. Am 1. August 1981 ging in den USA der TV-Sender MTV („a new era") auf Sendung, der als visueller Radiosender rund um die Uhr Videoclips ausstrahlte. Der erste Clip war Programm: *Video Killed the Radio Star* sangen die Buggles, ein Abschiedslied für alle, die zu alt waren für die visuelle Zeit. Aus einem ursprünglichen Promotionsinstrument für Musikbands hatte sich eine eigene mediale Gattung entwickelt. Verbessert wurden Qualität und Quantität der Clipproduktion durch größere finanzielle Möglichkeiten und solchen der Darstellungstechnik. Zudem entstand eine weitgehend standardisierte Formensprache, die vielen Kritikern als avantgardistisch gilt. Als Teil seiner Image-Strategie nutzt MTV seine große Reichweite auch zur Ausstrahlung von Spots, die gesellschaftspolitisch wirken sollen; Spots zur AIDS-Aufklärung, zu Anti-Drogen-Kampagnen, Anregungen zum Energiesparen, Werbung zum Gebrauch des Stimmrechts bei Wahlen. In Deutschland gesellte sich zu MTV der Musikkanal VIVA, der ebenfalls seine Zuschauer animieren will, die CDs zu den Clips zu kaufen. Bei den frühen Musikvideos, die übrigens überwiegend Filme sind, sind die agierenden Musiker zu sehen, meist in grellen Farben. Die Entwicklung ging in den neunziger Jahren hin zum Clip, bei dem die Musiker aus den zunehmend avancierten Bildfolgen verschwinden (Neumann-Braun 1999).

Das Ziel, mit jährlich etwa 2000 produzierten Clips Musik zu visualisieren, orientiert sich überwiegend an der Provokation. So dominieren sexual- und gewaltkonnotative Bilder oder ‚antisoziale' Bilder, die allerdings häufig songtextillustrierende oder ironisierende Funktion besitzen. Ein Zusammenhang zwischen den dargestellten Szenen und einer erhöhten Gewaltbereitschaft bei den Sehern ist aber nicht herzustellen.

Als Clip-Typen wurden herausgestellt die ‚Performance', die abgefilmte oder nachgestellte musikalische Aufführung eines Songs; die ‚narrativen' Visuals, die ähnlich einem Kurzfilm Horror-, Gangster- oder Comedy-Szenen bieten. Traumartige Szenen versuchen mit Zeit- und Ortssprüngen an die Erfahrung der Konsumenten mit Traumbildern anzuknüpfen, wobei die Wahrnehmung der Töne dominieren und der Songtext nahezu unberücksichtigt bleiben soll. Er wird zum temporären oder illusionären Nebenprodukt. Selbstverständlich gibt es Mischformen, etwa wenn traumartige Bilder zugleich Elemente von narrativen Sequenzen sind.

Mythische Symbole, Motive und Themen verweisen auf Mythen, die der Musikvideokultur gänzlich zu eigen sind. Die Liebe wird z. B. zur Übermacht. Sie wird verklärt, sie ist wahr, sie bleibt ewig (true love). Weibliche Schönheit und männliche Stärke sind auslösend für den Liebesbezug. Handelnde Personen sind Personifizierungen mythischer Vorstellungen. Die schöne Frau wird verehrt, besungen, gewollt. Sie wird zum verklärten Ideal. Das Lebensziel der Discojugend ist Spaß, fun. Überall finden sich Requisiten, um aus ihnen und mit ihnen Spaß zu erzeugen. Voraussetzung ist Reichtum, sind die Mittel, die alle Statussymbole zugänglich machen, das Superauto, die Designer-Klamotten, Schmuck, das Handy. Reichtum, Schönheit und Glücklichsein werden kombiniert. Der schon genannte starke Mann ist der Held, der alle Abenteuer, alle Kämpfe besteht, auch solche gegen Maschinen, Roboter etc. Der Held erschießt seine Feinde, entgeht selbst allen Angriffen, und kann dann die Frauen küssen, die er begehrt. Held ist auch der Mann, der Star auf der Bühne, der von Fans bejubelt wird. Ein tragischer früher Tod verklärt den Star, macht ihn unsterblich. Sein mythisches Bild wird nicht vom Alter getrübt oder vom Ende der Erfolgskarriere. Die Musikvideowelt ist eine eigene mediale Welt. Sie ist Illusion, in die sich die Jugendlichen hineinversetzen lassen. In der Traumwelt lassen sich eigene Wünsche und Sehnsüchte erfüllen.

Neuere Untersuchungen weisen nach, daß sich Performanceelemente in nahezu allen Musikvideos finden lassen. Zentral ist die Ausrichtung der Bilder an Identifikationsmustern der jugendlichen Subkultur. Form und Inhalt richten sich aus an Codes bestimmter jugendlicher Bezugsgruppen, sind ohne deren Kenntnis nicht leicht zu entschlüsseln.

Betrachtet man die Möglichkeiten des Zusammenspiels von Bild und Ton, so ist wichtig die Koinzidenz einzelner musikalischer Ereignisse, etwa in Form von Harmonie- und Farbwechsel, rhythmischen Bewegungen, betonten Bildschnitten sowie Parallelen auf der Ebene der Darstellung und der Technik der Darstellung, struktureller Parallelen, die sich aus der Gemeinsamkeit im Rhythmus von Bild- und Songbewegung ergeben, und Parallelen zwischen Songtextstellen und der interpretierenden Bilder. Insgesamt ergibt sich meist ein Bilder-Pingpong, das aber wie aus einem Guß wirkt. In der kurzen Zeit gibt es 150 bis 200 Schnitte mit blitzschnellen Orts-, Perspektiv- oder Kleiderwechseln.

In manchen Songs sind Elemente enthalten, die sich mit visuellen Assoziationen kombinieren lassen, wo eine bestimmte Stimmung der Musik eine bestimmte Art der visuellen Umsetzung geradezu verlangt. Außerdem kann die Musik

> als Zeichensystem kultureller Einheiten die Darstellung in Form des Aufführungsstils betreffen, d.h. wie sich die Interpreten eines bestimmten Musikstils kleiden und bewegen und mit welchen Objekten sie sich umgeben. Drittens existiert eine gemeinsame symbolische Beziehung zwischen Ton und Bild darüber hinaus dann, wenn die musikalische Konvention als musikalisches System nicht nur etabliert ist, sondern zugleich als System musikalischer Bedeutung Visualisierungen in der Darstellung (Schnitt etc.) wie des Dargestellten (z.B. Stereotypen in Kleidung und Verhalten) nach sich zieht, die zugleich mit einer lebensweltlichen Einstellung verbunden sind (Altrogge 2001).

Am leichtesten nachzuvollziehen ist die visuelle Umsetzung bei Bühnenperformances, bei denen Raum und Zeit im Einklang mit der ‚natürlichen' Erfahrung der Konsumenten stehen. Am schwierigsten wird es, wenn die Musiker im Video fehlen. Es muß dann untersucht werden, inwieweit musikalischen Formteilen Bildebenen entsprechen oder wie diese durch den Songtext motiviert zu sein scheinen. Das ist ohne Kenntnis des jeweiligen Musikstils wie der jugend(sub)kulturellen Hintergründe nicht möglich. Im allgemeinen fehlt der Analyse- und Erklärungsrahmen für die Deutung des Clips in Hinblick auf seine Kreativität, die durch das Zusammenspiel von Song und Bildern erreicht wird.

Auf der visuellen Ebene können Clips, die eine Geschichte erzählen und damit dem Film verwandt sind, unterschieden werden von solchen, bei denen die Bildfolgen nicht (sprach-)logisch organisiert sind. Bei letzteren muß sich eine Zuordnung zur musikalischen Struktur, zur Musikstilistik oder zur Jugend-Musikkultur finden lassen.

Videoclips sind für viele Kulturkritiker Recycling-Produkte, bei denen postmoderne Kunst und Kultur hemmungslos vermischt wird. Aneinandergeklebt und im 24 Stunden-Programm ausgestrahlt wirken sie wie Bild-Tapeten, in denen die Einzelheiten im Gesamten nicht mehr erkenn- und erinnerbar sind. Ihre Rückwirkung auf den Spielfilm wird angeprangert, weil dort der Fluß der Erzählung durch überhöhte Schnittgeschwindigkeit und oberflächliche Effekthascherei gebrochen, die filmische Poesie zerstört wird. Für andere gelten die Videoclips als modernste Kunstgattung, als avancierteste künstlerische Ausdrucksform ihrer Zeit. Sie bilden den Kulminationspunkt technischer und künstlerischer Experimente des 20. Jahrhunderts, indem sie durch die gleichzeitige Verwendung akustischer und optischer Reize ein synästhetisches Gebilde schaffen. Sie verbinden hohe Kunst und triviale Massenkultur. Das Clipprogramm der Jugendsender MTV und VIVA kann als Museum der postmodernen Kunst gesehen werden. Die avanciertesten Ausdrucksmittel der Zeit werden einem Massenpublikum zugänglich. Als Kunstwerk gilt der Clip von Peter Gabriel *Stedgehammer* von 1986.

Kunstvideos werden hergestellt für wechselnde Zusammenhänge und Intentionen, so zum Beispiel für Environments und Installationen. Sie sind dann ein kompositorisches Verfahren offener Zusammenkünfte, haben Eventcharakter, sind sinnlich, multimedial und multidimensional. Sie haben ihren Ort in Galerien, Nachtclubs und Diskotheken der Großstädte, brillieren mit ästhetischen Experimenten und Innovationen.

5.4. Internet

Die Öffnung des Internet 1993 machte den Personalcomputer zu dem universalen Kommunikationsgerät schlechthin. Durch die Vernetzung von Millionen von Geräten im World Wide Web (www) können simultan Schrift, Bild und Ton vermittelt, können Informationen weltweit blitzschnell und kostengünstig verbreitet oder erhalten werden. Die anwenderfreundliche grafische Oberfläche des www setzt die vernetzte Struktur des Internet in das Organisationssystem ‚Hypertext' um. Ein im Textteil markierter Querverweis, ein ‚Hyperlink', öffnet ein weiteres Dokument, ähnlich einem Querverweis in einem Lexikonartikel. Hypertexte sind grundsätzlich delinear organisiert. Im Internet kann man Radio hören, fernsehen, den Inhalt von Zeitungen und Zeitschriften abrufen oder Tondateien zum Selberbrennen von CDs übernehmen. Noch dominiert der schriftliche Text. Aber zunehmend werden die herkömmlichen textorientierten Dienste wie e-mail, Newsgroups, Multi User Dungeon (MUD), Internet Relay Chat (IRC) und andere in das immer mehr auf Visualität ausgerichtete Medium integriert. Was weltweit auf den Internet-Servern liegt, kann von jedem abgerufen werden. Der Zugriff erfolgt ganz nach den Bedürfnissen des Nutzers, weshalb die Stichworte ‚Interaktivität' und ‚Modularität' lauten, wobei letztere die Ergänzung oder Entlastung eines Hauptextes durch andere Textsorten (bei Bericht durch Kommentar, Interview, Hintergrund) oder durch Grafiken, Bilder, Statistiken etc. bedeutet. Für das Internet als jüngstem Medium gilt grundsätzlich, daß die Bildintensität größer ist als die Textintensität, daß die Bildgestaltung emotionaler ist als die Textgestaltung, und daß das Bild eher den Text zu ersetzen vermag. Angekündigt ist die Vernetzung von Computern und Fernsehen. Gewünscht wird, Programme zu speichern und sie so der individuellen Nutzung verfügbar zu machen.

Die journalistische Nutzung des www bringt besondere Anforderungen für die Beschicker, denn jede Nachricht, jede Information kann mit immer weiterführenden Informationen vertieft werden. Texte können durch Töne (etwa O-Töne), Standbilder, Grafiken, Video und Animation angereichert und damit in die Hypertextstruktur integriert werden. Das erfordert ein gleichzeitiges Denken in den Modalitäten verschiedener Medien. Das bedeutet eine zunehmende Verschränkung journalistischer mit gestalterischen Aufgaben. Die Unterscheidungen zwischen redaktioneller, produzierender und servertechnischer Arbeit verwischen sich. Das Layout und das Textdesign müssen zu entscheidenden Navigationshilfen für die Nutzer gemacht werden, wobei als Grundregel gilt, daß der Bildinformation schnellere und größere Beachtung geschenkt wird als der Textinformation. Journalistische Aufgabe ist also neben der Informationsweitergabe die gekonnte Leseführung des Adressaten durch die verschiedenen Schichtungen, Gewichtungen, durch die multimedialen Erzählstränge der Berichterstattung. Der Nutzer muß den Leittext lesen, evtl. den dazugehörenden Kommentar. Er muß ein dazugehörendes Standbild in Bewegung setzen, O-Töne anhören, auf andere Web Sites springen, Referenztexte oder Dokumente lesen usw. Der Journalist muß dies kalkulieren. Er muß mögliche Reaktionen oder Auswahlentscheidungen der Kunden mit einbeziehen und eine gekonnte Dramaturgie oder ‚Dramalogie' ausrichten. Zum anderen muß er sich darauf einrichten, daß es zu schnellen Reaktionen des Publikums kommt, etwa durch e-mails an den Journalisten. Er muß sich auf Interaktion einstellen.

Bei der Online-Zeitung verliert die Raum-Zeit-Begrenzung ihre Bedeutung. Andruckzeiten entfallen wie Beschränkungen im Umfang und Format. Eine große Rolle erhält das Zeitungsarchiv, weil es in den für den Text aktuellen Stand integriert werden kann. Daneben können Datenbanken genutzt werden zur Suche und Abfrage von ergänzenden Fakten.

Problematisch ist es, Literatur so zu gestalten, daß sie nicht wie traditionelle Literatur im Netz ihre Würde verliert und zur reinen Datei verkommt. Das für das Internet entwickelte Beschreibungssystem ist nicht ausgerichtet auf die Elemente, die die ästhetische Qualität des Buchdrucks ausmachen. Es kann nicht garantiert werden, daß ein Leser auf seinem Bildschirm eine Seite als ganze wahrnehmen kann, wenn der Autor dies wünscht, daß Überschriften und Auszeichnungen so dargestellt werden, wie sie bei der Anlage der Hypertextseite intendiert waren. Bei der Integration von Bildern in den literarischen Text kann zunächst das erreicht werden, was auch im Buchdruck üblich ist. Initialen können verwendet werden, ebenso Textrahmen, farbige Hintergründe, variierende Schriftgrößen und Einzüge. Der typographische Gestaltungswillen ist eingegrenzt auf das, was auch im Buchdruck möglich ist. Möglich ist der Einsatz von computergestalteten Bildern. Karten sind einsetzbar, etwa wenn ein Gedichtzyklus auf bestimmte Orte oder Schauplätze ausgerichtet ist. Durch die Eintragung von Ziffern in die Karte können beim Anklicken die zugehörigen Texte angewählt werden, in der Reihenfolge oder willkürlich springend. Man kann Spiralen entwerfen mit Fixpunkten, von denen aus Texte oder Bilder angewählt werden können, wieder in einer vorgegebenen Reihenfolge oder flanierend. Bei Bildern als Navigationsinstrumenten reicht die Palette vom einfachen Signet bis hin zu komplexen Zeichen und Bildern, deren Sinn sich möglicherweise nicht sofort erschließt, sondern erst durch weiteres Anklicken anderer Zeichen und Bilder bzw. von zugehörigen Texten. Möglich ist eine Textsammlung, durch die sich der Nutzer entsprechend den Zügen auf einem Schachbrett bewegt. Schachfiguren sind Navigationsinstrumente im Text. Der Leser befindet sich dabei ständig im Zwang, Zugentscheidungen treffen zu müssen. Auch Räume in einem Haus können der Anlaß sein, sie auf der Suche nach Texten und Begleitbildern zu durchqueren. Verwendet werden können auch die Grundformen höchst artifizieller Puzzles, bei denen die Mitspieler die Teile zusammensetzen müssen, oder bei denen sie beim Versuch des Zusammensetzens bewußt in die Irre geführt werden. Markierungen müssen in all den genannten Fällen so angebracht werden, daß sie den Nutzer leiten und ihm einen Erlebnisgewinn bieten, der die Beschäftigung mit dem Hypertext lohnt.

Ist die Aufgabe des Lesers im traditionellen linearen Text ausgerichtet und zugleich beschränkt auf das Verstehen des Textganzen oder einzelner Teile daraus, so verändert sich diese in einem nichtlinearen Text grundsätzlich. Hier muß er sich auseinandersetzen mit der vom Autor intendierten Textanlage. Man kann dies vergleichen mit einem Rollenspiel, bei dem es Auswahlentscheidungen gibt, die nicht nur die Textästhetik befriedigend erkennen läßt, sondern auch dem eigenen Spieltrieb freie Bahn gibt (Rohmer 2000).

Von Unternehmen angebotene Web-Sites dienen als Plattform interaktiver Kommunikation. So bietet die Warner-Website Entertaindom.com Animationsfilme, etwa *Superman*, *Xena* oder *Bugs Bunny* (Der Hase von Sevillia) an. Der

Zuschauer kann die Kameraposition bestimmen und an verschiedenen Plot Points entscheiden, wie die Geschichte weitergehen soll. Für das Internet müssen Filme stark komprimiert werden. Zeichentrick eignet sich dafür optimal. Er erfordert geringe Datenmengen und hält so die Download-Zeiten gering. Die Web-Sites sind aber auch unternehmenseigene Werbeträger, die mit Werbe-Buttons oder Werbe-Banners Net-Surfer zum Kauf anreizen. Zusätzlich werden Sonderwerbeformen wie AdEvents, AdGames und AdMails angeboten. Über AdClicks kann der Anbieter kontrollieren, wie viele seiner Botschaften von den Nutzern angewählt werden. Die Werbeflächen enthalten in der Regel Bild- und Textinformationen und sind oft animiert, d.h. mit bewegten Elementen versehen. Schließlich kann das Internet auch Lehrstoffe für den Unterricht, für betriebliche Weiterbildung, für jegliche Art ‚Lernen mit dem Computer' bereitstellen. Hier kann zielgerichtet und bedarfsorientiert Material angeboten werden, das didaktisch so aufbereitet ist, daß es den kollektiven wie den individuellen Ansprüchen der Lernenden genügt. Lernzeiten und Lernorte können beliebig festgelegt werden. Wiederholung der Inhalte ist jederzeit möglich. Bei programmierter Interaktivität kann ein unmittelbar korrigierendes oder weiterführendes Feedback geboten werden. Rückmeldungen und Lernerfolgskontrollen sind bereits während des Lernvorgangs möglich.

Wie der Einsatz in der universitären Lehre erfolgen kann, zeigt das Leipziger Projekt ‚Visualisierung russischer Fachsprachlicher Grammatik in einem interaktiven multimedialen System' (Wenzel/Bahn/Regier/Winschel 1998).

6. Sprache und Kunst

Im 20. Jahrhundert treten Sprache und Bild, Konkrete Literatur, Visuelle Poesie und bildende Kunst in einen qualitativ neuen, interaktiven Prozeß ein, der vor allem Positionen der ‚avantgardistischen' Kunst verändert. Seit den Bewegungen des Kubismus, des Futurismus (Schmidt-Bergmann 1993), des Dadaismus und des Surrealismus (Freeman 1990) läßt sich in den verschiedenen Strömungen eine wechselseitige Durchdringung von Literatur und bildender Kunst beobachten. Die Literatur findet zur bildhaften Gestaltung (‚Poesie zum Ansehen'), und die bildende Kunst eignet sich Elemente des Sprachlichen an. Seit Kubisten erstmals einzelne Buchstaben, Wortfragmente und Worte in ihre Bilder oder Textfragmente und ganze Texte in ihre Zeichnungen und Leinwände ‚collagierten', wird die Kunst zunehmend ‚lingualisiert' (Jürgens-Kirchhoff 1978; Wescher 1974). Wird Sprache in das Kunstwerk integriert, so wird sie zum ‚Medium' der Kunst. Geht Sprache einher mit dem Kunstwerk, so wird sie zu seinem komplementären ‚Kommentar'. Tritt Sprache an die Stelle des Kunstwerks, so hebt sie das ‚Werk' als ‚artefactum' auf.

Mit der Integration von Sprachelementen in Bilder versuchen die Künstler, jene näher an die Realität heranzuführen. Die Zweidimensionalität der Bildfläche kann durch die eingemalten und collagierten Sprachversatzstücke betont werden. Zum anderen wird die graphische Qualität der Buchstaben und Texte betont. Indem die Sprachelemente dem Bild ‚eingeschrieben' sind, verweisen sie auf ihre mediale Eigenständigkeit im Bildgefüge. Max Ernst versah z. B. seine Collagebilder mit relativ langen, ausführlichen Texten, die er handschriftlich unterhalb, oberhalb oder seltener innerhalb des Bildes anbrachte. Diese Texte sind mehr als ein Bildtitel oder eine Bildunterschrift. Sie ergänzen und kommentieren das bildlich Gestaltete, können aber auch dessen Ambivalenz verstärken. Sie fügen dem bildlichen Material dann neue Bedeutungsdimensionen bei oder können das Dargestellte ironisieren (Barck 1993).

Das Malerbuch ging aus der École de Paris hervor und begleitete eine wichtige Bewegung in der französischen Malerei. Gedichte wurden auf besonders kostbare Art mit Bildern verziert und in repräsentativen Büchern auf den Markt gebracht. Entscheidend ist die nicht-illustrative Art der Abbildungen. Maler und Dichter treten als gleichberechtigte Partner auf. Das Malerbuch erzählt nicht, stellt nicht dar. Surrealistische Texte stehen etwa neben surrealistischen Bildern. Jedes gelungene Malerbuch ist eine Welt für sich.

Sprache und Kunst

In den fünfziger und sechziger Jahren geht die ‚Konkrete' oder ‚Visuelle Poesie' davon aus, sich mit Sprache als ‚Material' auseinanderzusetzen. Versucht wird eine Interaktion oder gar eine Fusion von Kunst- und Literatursystem. Schrifttexte werden zu Bildern, Bilder zu Schrifttexten. Gängige Formen sind Ideogramme, Konstellationen, Palindrome, Typogramme, Piktogramme oder Raumgedichte. Bei Eugen Gomringer etwa gehen in den ‚Konstellationen' Text und Fläche eine untrennbare, nicht linear zu ‚lesende' Einheit ein. Die Anordnung ist so, daß sich der Text aus der optischen nicht in die akustische Dimension bringen läßt. Er bleibt fest verhaftet. Der Einzelbegriff oder Einzelbuchstabe verweist provokativ auf seine Existenz und auf den ästhetischen Eigenwert von Schrift und Sprache. Die materiellen Substrate verselbständigen sich. Auf den semantischen Bereich der Sprache wird weitgehend verzichtet. Die Fläche erhält ihre eigene Grammatik. Sie nötigt dazu, den Text von ihr her zu denken, damit ihre Funktionen zur Geltung kommen können. Das Gedicht teilt seine eigene Struktur mit (Gomringer, Worte sind Schatten, Reinbek bei Hamburg 1969; konstellationen ideogramme stundenbuch, Stuttgart 1977; zur sache der konkreten // konkrete Kunst, St. Gallen 1988). Durch Aktionen, Performances, Videos und Multi-Media-Shows wird Sprache sowohl phonetisch wie optisch in die Kunst einbezogen. Über ‚Entwürfe' und ‚Rudimente' findet deren Bild und Text dann integriert wiederum den Weg in Ausstellungen und Museen. Die Konkrete bzw. Visuelle Poesie war international. Ihr Stil entstand gleichzeitig in verschiedenen Ländern. Seit den achtziger Jahren spricht man eher von Neuer oder Experimenteller Poesie (Schnauber 1989). Anzuschließen sind Claus Bremer, Reinhard Döhl, Ian Hamilton Finlay, Heinz Gappmayr, Helmut Heißenbüttel (Zitatkollagen), Ernst Jandl, Ernst Kein, Franz Mon, Maurizio Nannucci, Konrad Balder Schäuffelen, Mary Ellen Solt, Timm Ulrichs, Ror Wolf, weiter die ‚Wiener Gruppe' mit Friedrich Achleitner, H.C. Artmann, Konrad Bayer, Gerhard Rühm und Oswald Wiener sowie deren Vorläufer Hans Arp, Hugo Ball oder Christian Morgenstern.

Ausgehend von den Foto-Text-Montagen, die in der ersten Jahrhunderthälfte etwa von John Heartfield agitatorisch eingesetzt wurden, referiert eine junge Künstlergeneration in der Zeit nach dem Zweiten Weltkrieg kritisch die Mittel des literarischen Zitats, der Werbung, der Comics. Die Befragung heroischer Metaphern, die Banalität sprachlicher Standards, die poetisch-existentielle Erfassung des Lebens, das aggressiv politische Statement und die Irrealität einer Comic-Kultur zeigen die Spannweite an, in der Künstler ein neu definiertes Bewußtsein des Verhältnisses von Sprache und Bild aufweisen.

Zu verweisen ist auch auf den Nationalsozialismus, der seine Ideologie (Weltanschauung) nicht nur sprachlich-agitatorisch und -propagandistisch gewann und auf Zeit behielt, sondern seinen faschistischen Herrschaftsapparat auch durch wesentliche Bestandteile der visuellen Präsentation (Monumentalarchitektur, pseudokünstlerischen Inszenierungen bei Aufmärschen und Parteitagen) festigte.

7. Literatur

Adler, Jeremy; Ernst, Ulrich: Text als Figur. Visuelle Poesie von der Antike bis zur Moderne. Wolfenbüttel 1987.
Agfa-Gevaert (Hg.): Einführung in die Digitale Bildverarbeitung. Mortsel 1996.
Ahrlé, Ferry: Galerie der Straße. Die großen Meister der Plakat-Kunst. Frankfurt a. M. 1990.
Aicher, Otl; Krampen, Martin: Zeichensysteme der visuellen Kommunikation. Handbuch für Designer, Architekten, Planer, Organisatoren. Stuttgart 1977.
Albert, Claudia: Sprachartistik und Sprachvergleich. Zur Wortschatz- und Wörterbucharbeit am Beispiel von „Asterix". Der fremdsprachliche Unterricht 15, 1981, 220–222.
Altmeppen, Klaus-Dieter; Bucher, Hans-Jürgen; Löffelholz, Martin (Hg.): Online-Journalismus. Perspektiven für Wissenschaft und Praxis. Wiesbaden 2000.
Altrogge, Michael: Entwicklung, Funktion, Präsentationsformen und Texttypen der Videoclips. In: Medienwissenschaft. Ein Handbuch zur Entwicklung der Medien und Kommunikationsformen, hg. v. Joachim-Felix Leonhard; Hans-Werner Ludwig; Dietrich Schwarze; Erich Straßner. Berlin–New York 2001, Bd. 3 (im Druck).
—; Amann, Rolf: Videoclips – die geheimen Verführer der Jugend? Berlin 1991.
An, Jae-Hyeon: Fernlesen im Vormarsch: Formen, Inhalte und Funktionen des Videotextes. Münster 1997.
Arens, Karlpeter: Manipulation. Kommunikationspsychologische Untersuchung mit Beispielen aus Zeitungen des Springer-Konzerns. Berlin 1973.
Arnheim, Rudolf: Film als Kunst. Berlin 1932 (München 1974).
Atzert, Joachim: Gewalt und Ordnung. Die Konstruktion der Gerechtigkeit am Beispiel der Comic-Serie ‚Bessy'. Berlin 1982.
Balázs, Béla: Der Geist des Films. Halle 1930.
Ballstaedt, Steffen-Peter; Molitor, Sylvie; Mandl, Heinz: Wissen aus Text und Bild. In: Empirische Medienpsychologie, hg. v. J. Groebel u. P. Winterhoff-Spurk. München 1989, 105–133.
Barck, Karlheinz: Max Ernsts Ästhetik des ‚Depaysement'. Ein Beitrag zur Theorie und Praxis dialektischer Bilder. In: Text und Bild im Dialog, hg. v. Klaus Dirscherl. Passau 1993, 255–274.
Barker, Martin: Comics, Ideology, Power and the Critics. Manchester 1989.
Baumann, Hans D.: Bedingungen der Darstellungsfunktion von Bildern. Diss. Kassel 1980.
Baumgärtner, Alfred C.: Die Welt der Comics. Probleme einer primitiven Literaturform. Bochum 1972.
—; Schmidt, Max (Hg.): Text und Illustration im Kinder- und Jugendbuch. Würzburg 1991.
Baur, Elisabeth K.: Der Comic, Strukturen – Vermarktung – Unterricht. Düsseldorf 1977.
Beck, Klaus; Vowe, Gerhard (Hg.): Computernetze – ein Medium öffentlicher Kommunikation? Berlin 1997.

Beilenhoff, Wolfgang; Heller, Martin: Das Filmplakat. Zürich–Berlin 1995.
Betten, Anne: Moderne deutsche Dramen- und Filmdialoge und ihr Verhältnis zum spontanen Gespräch. Akten der 2. Salzburger Frühlingstagung für Linguistik. In: Salzburger Beiträge zur Linguistik 3, hg. v. Gaberell Drachmann. Tübingen 1977, 357–371.
Betzonich-Wilken, Per: Das Reich des Verborgenen. Über die Möglichkeiten und Grenzen des Dialogs mit besonderer Berücksichtigung der Filmsituation. Bochum 1986.
Biegel, Brigitta: visual merchandising. Erfolgsstrategien zur Verkaufsförderung. Frankfurt a. M. 1994.
Bitomsky, Hartmut: Zur Sprache des Films und zur filmischen Rede. In: Gesellschaftliche Kommunikation und Information, hg. v. J. Aufermann, H. Bohrmann, R. Sülzer, Bd. 1, Frankfurt 1973, 141–153.
Boeckmann, Klaus: Unser Weltbild als Zeichen. Zur Theorie der Kommunikationsmedien. Wien 1994.
Boes, Ulf: Medizin als Bildthema in Publikumszeitschriften. Inhaltsanalytischer Vergleich von ‚Quick‘, ‚Stern‘ und ‚Hörzu‘. Bochum 1997.
Böhnisch, Max: Die Sprache der Comics im Unterricht. In: Kommunikation, Aspekte zum Deutschunterricht, hg. v. E. Wolfrum. Baltmannsweiler 1975, 225–266.
Bolz, Norbert; Rüffer, Ulrich (Hg.): Das große stille Bild. München 1996.
Borrelli, Laird: Illustrationen der Mode. München 2000.
Borscheid, Peter; Wischermann, Clemens (Hg.): Bilderwelt des Alltags. Werbung in der Konsumgesellschaft des 19. und 20. Jahrhunderts. Festschrift für H. J. Teuteberg. Stuttgart 1995.
Brandstetter, Alois: Funktion und Geistung grammatischer Einfachstrukturen. Anmerkungen zur Syntax der Filmtexte. Sprache im technischen Zeitalter 13–15, 1965, 1082–1090.
Braun, Gerhard: Grundlagen der visuellen Kommunikation. München 1993.
Brielmaier, Peter; Wolf, Eberhard: Zeitungs- und Zeitschriftenlayout. Konstanz 1997.
Brück, Axel: Zur Theorie der Comics. In: Sex und Horror in den Comics. Katalog des Sonderausstellungsteils ‚Erotische Comics‘ Hamburger Kunsthaus, 23. Juni – 25. Juli 1971. Hamburg 1971, X–XV.
Buddemeier, Heinz: Panorama, Diorama, Photographie. Entstehung und Wirkung neuer Medien im 19. Jahrhundert. München 1978.
Burda, Hubert: FOCUS – ein neues Zeitschriften-Konzept für die moderne Informationsgesellschaft. In: Produkte mit Profil. Spitzenmanager und ihre Wege zum Erfolg, hg. v. Steffen Spies und Dirk Fisseler. Frankfurt a. M.–Wiesbaden 1994, 82–101.
Busch, Bernd: Belichtete Welt. Eine Wahrnehmungsgeschichte der Fotografie. München 1989.
Busse, Tanja: Mythos in Musikvideos. Weltbilder und Inhalte von MTV und VIVA. Münster 1997.
Clute, John: Science Fiction. Die illustrierte Enzyklopädie. München 1996.
Dadek, Walter: Das Filmmedium. Zur Begründung einer allgemeinen Filmtheorie. München–Basel 1968.
Dafcik, Jan M.: Der Dialog im Film. Diss. (masch.) Wien 1947.
Dencker, Klaus Peter: Text-Bilder. Visuelle Poesie international. Von der Antike bis zur Gegenwart. Köln 1972.
Dieterle, Gabriele S.: Verhaltenswirksame Bildmotive in der Werbung. Theoretische Grundlagen – praktische Anwendung. Heidelberg 1992.
Doderer, Klaus; Müller, Helmut (Hg.): Das Bilderbuch. Geschichte und Entwicklung. Weinheim–Basel 1973.

Dolle-Weinkauf, Bernd: Comics. Geschichte einer populären Literaturform in Deutschland seit 1945. Weinheim–Basel 1990.

—: Das heimliche Regiment der Sprache im Comic. Forschung. Frankfurt a.M. 1990, 13–22.

Domsich, Johannes: Visualisierung. Ein kulturelles Defizit? Der Konflikt von Sprache, Schrift und Bild. Wien–Köln 1991.

Döring, Jürgen: Plakatkunst. Von Toulouse-Lautrec bis Benneton. Hamburg 1994.

Drechsel, Wiltrud U.; Funhoff, Jörg; Hoffmann, Michael: Massenzeichenware: Die gesellschaftliche und ideologische Form der Comics. Frankfurt a.M. 1975.

Dyroff, Hans-Dieter; Silbermann, Alphons (Hg.): Comics und visuelle Kultur. Forschungsbeiträge aus zehn Ländern. München–New York 1986.

Eckert, Gerhard: Gestaltung eines literarischen Stoffes in Tonfilm und Hörspiel. Berlin 1936.

Eco, Umberto: Apokalyptiker und Integrierte. Zur kritischen Kritik der Massenkultur. Frankfurt a.M. 1986.

—: Vorsichtige Annäherung an einen anderen Code. In: Das Mädchen aus der Volkskommune. Chinesische Comics, hg. v. Gino Nebiolo. Reinbek bei Hamburg 1972, 318–331.

Ehrig, Hans-Jürgen: Medium Comic. Berlin 1978.

Enzensberger, Hans M.: Literatur und Linse und Beweis dessen, daß ihre glückhafte Kopulation derzeit unmöglich. Akzente 3, 1956, 207–213.

Erckenbrecht, Ulrich: Politische Sprache. Marx, Rossi-Landi, Agitation, Kindersprache, Eulenspiegel, Comics. Gießen-Lollar 1975.

Ernst, Gustav (Hg.): Sprache im Film. Wien 1994.

Estermann, Alfred: Die Verfilmung literarischer Werke. Bonn 1965.

Faust, Wolfgang Max: Bilder werden Worte. Zum Verhältnis von bildender Kunst und Literatur im 20. Jahrhundert, oder Vom Anfang der Kunst im Ende der Künste. München 1977.

Feuchtinger, Heinz-Werner: Plakatkunst des 19. und 20. Jahrhunderts. Hannover 1977.

Fix, Ulla; Wellmann, Hans (Hg.): Bild im Text – Text und Bild. Heidelberg 2000.

Flusser, Villém: Die Revolution der Bilder. Der Flusser-Reader zu Kommunikation, Medien und Design. Mannheim ^{4}1992.

Frankfurter Kunstverein (Hg.): Die Sprache der Kunst – die Beziehung von Bild und Text in der Kunst des 20. Jahrhunderts. Frankfurt a.M. 1994.

Franzmann, Bodo (Hg.): Comics zwischen Lese- und Bildkultur. München–Wien 1991.

Franzobel: Das Meer der Sprache. Eine Sehreise durch konkrete und gegenwärtige visuelle Poesie. In: Intermedialität. Vom Bild zum Text, hg. v. Thomas Eicher und Ulf Bleckmann. Bielefeld 1994, 143–183.

Freeman, Judi: Das Wort-Bild im Dada- und Surrealismus. München 1990.

Frey, Siegfried: Die Macht des Bildes. Der Einfluß nonverbaler Kommunikation auf Kultur und Politik. Bern 1999.

Friedrichsen, Mike; Jenzowsky, Stefan (Hg.): Fernsehwerbung. Theoretische Analysen und empirische Befunde. Opladen 1999.

Fritz, Thomas: Die Botschaft der Markenartikel. Vertextungsstrategien in der Werbung. Tübingen 1994.

Fuchs, Wolfgang; Reitberger, Reinhold: Das große Buch der Comics. Anatomie eines Massenmediums. München 1982.

Gaede, Werner: Vom Wort zum Bild. Kreativ-Methoden der Visualisierung. München ^{2}1992.

Galle, Heinz: Groschenhefte. Die Geschichte der deutschen Trivialliteratur. Frankfurt a. M. 1988.
Gaube, Uwe: Film und Traum. Zum präsentativen Symbolismus. München 1978.
Gehr, Herbert (Hg.): Sound & Vision. Musikvideo und Filmkunst. Frankfurt a. M. 1993.
Geiger, Klaus F.: Kriegsromanhefte in der BRD. Inhalte und Funktionen. Tübingen 1974.
Gibson, James J.: Die Wahrnehmung der visuellen Welt. Weinheim–Basel 1973.
Gidal, Tim N.: Deutschland – Beginn des modernen Photojournalismus. Luzern–Frankfurt a. M. 1972.
Gidalewitsch, Nahum: Bildbericht und Presse. Ein Beitrag zur Geschichte und Organisation der illustrierten Zeitungen. Diss. Basel 1956.
Glietenberg, Ilse: Die Comics – Wesen und Wirkung. Diss. München 1956.
Goetsch, Paul; Scheunemann, Dietrich (Hg.): Text und Ton im Film. Tübingen 1997.
Göttlich, Udo; Nieland, Jens-Uwe: Daily Soap Operas: Zur Theatralität des Alltäglichen. In: Inszenierungsgesellschaft. Ein einführendes Handbuch. Opladen 1998, 417–434.
Grassegger, Hans: Sprachspiel und Übersetzung. Eine Studie anhand der Comics-Serie Asterix. Tübingen 1985.
Groll, Gunter: Film, die unentdeckte Kunst. München 1937.
Grosse, Siegfried: Literarischer Dialog und gesprochene Sprache. In: Festschrift für Hans Eggers, hg. v. H. Backes. Tübingen 1972, 649–668.
Grünewald, Dietrich: Comics. Tübingen 2000.
—: Prinzip Bildgeschichte. Köln 1989.
Haas, Gerhard (Hg.): Kinder- und Jugendliteratur. Ein Handbuch. Stuttgart ³1984.
Hagge, Kira: Informations-Design. Heidelberg 1994.
Halbey, Hans A.: Bilderbuch: Literatur. Neun Kapitel über eine unterschätzte Literaturgattung. Weinheim 1997.
Hann, Ulrich: Die Entwicklungsgeschichte des deutschsprachigen Bilderbuches im 20. Jahrhundert. Eine Untersuchung der Konstitution der Welt im Bilderbuch und der Versuch ihrer kunst- und sozialgeschichtlichen Einordnung. Diss. Göttingen 1977.
Harms, Wolfgang (Hg.): Text und Bild. Bild und Text. Stuttgart 1990.
Hartmann, Hans A.; Haubl, Rolf (Hg.): Bilderflut und Sprachmagie. Fallstudien zur Kultur der Werbung. Opladen 1992.
Hartmann, Thomas: Transfer-Effekte: Der Einfluß von Fotos auf die Wirksamkeit nachfolgender Texte. Eine experimentelle Untersuchung zur kumulativen Wirkung von Pressefotos und Pressetexten. Frankfurt a. M. 1995.
Hartwig, Helmut: Die Grausamkeit der Bilder. Horror und Faszination in alten und neuen Medien. Weinheim 1986.
Hausmanninger, Thomas: Superman. Eine Comic-Serie und ihr Ethos. Frankfurt a. M. 1989.
—; Kagelmann, Hans J. (Hg.): Comics zwischen Zeitgeschehen und Politik. München–Wien 1994.
Havlik, Ernst: Lexikon der Onomatopöien. Die lautimitierenden Wörter im Comic. Frankfurt a. M. 1981.
Heidt, Jörg: Die Benetton-Kampagnen. In: Macht der Zeichen – Zeichen der Macht. Neue Strategien politischer Kommunikation, hg. v. Sigrid Baringhorst, Bianca Müller, Holger Schmied. Frankfurt a. M. 1995, 91–121.
Heidtmann, Horst: Kindermedien. Stuttgart 1992.
Henatsch, Martin: Die Entstehung des Plakates. Eine rezeptionsästhetische Untersuchung. Hildesheim 1994.
Herdeg, Walter; Pascal, David (Hg.): Die Kunst des Comic Strip. Zürich 1972.

Hickethier, Knut: Geschichte des deutschen Fernsehens. Stuttgart–Weimar 1998.
Hilgenstock, Sabine: Die Geschichte der BUNTEN (1948–1988). Die Entwicklung einer illustrierten Wochenschrift mit einer Chronik dieser Zeitschriftengattung. Frankfurt a. M.–Bern 1993.
Himmels, Gerd; Peters, Dieter: Plakatwerbung in Deutschland. Eine kleine Enzyklopädie. Bergisch Gladbach 1991.
Hinkel, Hermann: Zur Funktion des Bildes im deutschen Faschismus. Bildbeispiele, Analysen, didaktische Vorschläge. Steinbach–Gießen 1974.
Hoffmann, Detlef; Rauch, Sabine (Hg.): Comics. Materialien zur Analyse eines Massenmediums. Frankfurt a. M. 1975.
Holicki, Sabine: Pressefoto und Pressetext im Wirkungsvergleich. Eine experimentelle Untersuchung am Beispiel von Politikerdarstellungen. München 1993.
Holtz, Christina: Comics – Ihre Entwicklung und Bedeutung. München 1980.
Hünig, Wolfgang K.: Strukturen des Comic Strip. Ansätze zu einer textlinguistisch-semiotischen Analyse narrativer Comics. Hildesheim–New York 1974.
Hupka, Werner: Wort und Bild. Die Illustrationen in Wörterbüchern und Enzyklopädien. Tübingen 1989.
Iros, Ernst: Wesen und Dramaturgie des Films. Zürich ^{2}1957.
Itälä, Marja-Leena: Kohäsion im Bildtextverbund Comic. Turku 1994.
Jürgens-Kirchhoff, Annegret: Technik und Tendenz der Montage in der Bildenden Kunst des 20. Jahrhunderts. Ein Essay. Gießen 1978.
Kamps, Johannes: Plakat. Tübingen 1999.
Kaps, Joachim: Das Spiel mit der Realität. Erwachsenen-Comics in der Bundesrepublik Deutschland. Mskr. 1990.
Kasper, Josef: Belichtung und Wahrheit. Bildreportagen von der Gartenlaube bis zum Stern. Frankfurt a. M.–New York 1979.
Kegel, Gerd; Saile, Günter: Analyseverfahren zur Textsemantik. München 1975.
Kellner, Joachim; Kurth, Ulrich; Lippert, Werner (Hg.): 1945–1995. 50 Jahre Werbung in Deutschland. Ingelheim 1995.
Kemper, Hans-Georg: Vom Expressionismus zum Dadaismus. Eine Einführung in die dadaistische Literatur. Kronberg 1974.
Klas, Jürgen: Digitale Bildverarbeitung. Buchloe 1996.
Kleinspehn, Thomas: Der flüchtige Blick. Sehen und Identität in der Kultur der Neuzeit. Reinbek bei Hamburg 1989.
Kloepfer, Rolf: Komplementarität von Sprache und Bild. Am Beispiel von Comic, Karikatur und Reklame. In: Zeichenprozesse. Semiotische Forschung in den Einzelwissenschaften, hg. v. Roland Posner und Hans-Peter Reinecke. Wiesbaden 1979, 129–145.
Kloock, Daniela: Von der Schrift- zur Bild(schirm)kultur. Analyse aktueller Medientheorien. Berlin 1995.
Kopfermann, Thomas (Hg.): Theoretische Positionen zur Konkreten Poesie. Texte und Bibliographie. Tübingen 1973.
Kracauer, Siegfried: Von Caligari bis Hitler. Ein Beitrag zur Geschichte des deutschen Films. Hamburg 1958.
Krafft, Ulrich: Comics lesen. Untersuchungen zur Textualität von Comics. Stuttgart 1978.
Krapp, Helmut: Das Widerspiel von Bild und Sprache. Sprache im technischen Zeitalter 1–4, 1961/62, 38–54; 124–129.
Kreiner, Otto: Das triviale Abenteuer. Tom Shark, Rolf Torring und ihre Folgen. (Schund-)Hefterlserien zwischen Geschäft und Politik. München–Wien 1980.

Kress, Gunther; Leeuwen, Theo van: Reading Images. The Grammar of Visual Design. London 1996.
Kreutzer, Dietmar: Werbung im Stadtraum. Berlin 1995.
Kreuzhof, Hans-Dieter; Politis, Friederico (Hg.): Plakatwerbung in Deutschland. Eine kleine Enzyklopädie. Köln 1986.
Kringe, Mathias: Donald Duck in Film und Comic. Zur medienspezifischen Ausprägung eines Enterichs. In: Sellers, Stars und Serien, hg. v. Ch. W. Thomsen und W. Faulstich. Heidelberg 1989, 182–198.
Kriwet, Ferdinand: Com.Mix. Die Welt der Bild- und Zeichensprache. Köln 1972.
Kroeber-Riehl, Werner: Bildkommunikation. Imagerystrategien für die Werbung. München 1993.
Kruschewski, Christiane: Gestaltungsformen in Roman und Film. Vergleich der Aussagebereiche von Roman und Film im Hinblick auf die Möglichkeit der Verfilmung. Diss. (masch.). Münster 1956.
Künzle, David: „Carl Barks: Dagobert und Donald Duck." Welteroberung aus Entenperspektive. Frankfurt a. M. 1990.
—: The early comic strip. Picture stories and narrative strips in the European broadsheet c. 1450–1826. Berkeley–London 1973.
Küthe, Erich; Thun, Matteo: Marketing mit Bildern. Management mit Trend-Tableaus, Mood-Charts, Storyboards, Fotomontage, Collagen. Köln 1995.
Langner, Paul W.: Strukturelle Analyse verbal-visueller Textkonstitution in der Anzeigenwerbung. Frankfurt a. M.–Bern 1985.
Le Bon, Gustave: Psychologie der Massen. Stuttgart 1982 (Original: Psychologie des foules. Paris 1973).
Ledig, Elfriede (Hg.): Der Stummfilm. Konstruktion und Rekonstruktion. München 1988.
Liehr-Molwitz, Claudia: Über den Zusammenhang von Design und Sprachinformation. Sprachlich und nicht-sprachlich realisierte Wissens- und Bewertungsprozesse in Überschriften und Fotos auf den Titelseiten zweier Tageszeitungen. Frankfurt a. M. 1997.
Lippmann, Walter: Publia Opinion. New York 1922.
Louis, Eleonora; Stooss, Toni (Hg.): Die Sprache der Kunst. Die Beziehung von Bild und Text in der Kunst des 20. Jahrhunderts. Wien 1993.
Macias, José: Die Entwicklung des Bildjournalismus. München 1990.
Marckwardt, Wilhelm: Die Illustrierten der Weimarer Zeit. Publizistische Funktion, ökonomische Entwicklung und inhaltliche Tendenzen (unter Einschluß einer Bibliographie dieses Pressetypus 1918–1932). München 1982.
McCloud, Scott: Comics richtig lesen. Hamburg 1994.
Metz, Christian: Semiologie des Films. München 1972.
—: Sprache und Film. Frankfurt a. M. 1973.
Möller-Naß, Karl-Dietmar: Filmsprache. Eine kritische Theoriegeschichte. Münster 1986.
Muckenhaupt, Manfred: Der Ärger mit Wörtern und Bildern. Probleme der Verständlichkeit und des Zusammenhangs von Text und Bild. Kodikas/Code 2, 1980, 195–198.
—: Text und Bild. Grundfragen der Beshreibung von Text-Bild-Kommunikation aus sprachwissenschaftlicher Sicht. Tübingen 1985.
Mühlen Achs, Gitta: Schön brav warten auf den Richtigen? Die Inszenierung heterosexueller Romanzen in der Jugendzeitschrift BRAVO. In: Schaulust. Erotik und Pornographie in den Medien, hg. v. Margit Lenssen und Elke Stolzenburg. Opladen 1997, 11–36.
Müller, Hans Dieter: Der Springer-Konzern. Eine kritische Studie. München 1968.

Müller-Brockmann, Josef: Geschichte der visuellen Kommunikation. Von den Anfängen der Menschheit, vom Tauschhandel im Altertum bis zur visualisierten Konzeption der Gegenwart. Teufen 1971.
Naumann, Barbara (Hg.): Vom Doppelleben der Bilder. Bildmedien und ihre Texte. München 1993.
Neumann-Braun, Klaus (Hg.): Viva MTV! Popmusik im Fernsehen. Frankfurt a. M. 1999.
Nolting, Winfried: Jargon der Bilder. Die Photos der Illustrierten ‚Stern' 40 (1976). Osnabrück 1981.
Orosz, Susanne: Weiße Schrift auf schwarzem Grund. Die Funktion von Zwischentiteln im Stummfilm, dargestellt an Beispielen aus *Der Student von Prag* (1973). In: Der Stummfilm. Konstruktion und Rekonstruktion, hg. v. Elfriede Ledig. München 1988, 135–151.
Paech, Joachim (Hg.): Film- und Fernsehsprache 1: Texte zur Entwicklung, Struktur und Analyse der Film- und Fernsehsprache. Frankfurt a. M. ^{2}1978.
Pasolini, Pier P.: Die Sprache des Films. In: Semiotik des Films, hg. v. Friedrich Knilli u. Erwin Reiss. München 1971, 38–56.
—: Ketzererfahrungen – 'Empirismo eretico' – Schriften zur Sprache. Literatur und Film. München 1979.
Plaul, Hainer: Illustrierte Geschichte der Trivialliteratur. Hildesheim 1983.
Pörksen, Uwe: Weltmarkt der Bilder. Eine Philosophie der Visiotype. Stuttgart 1997.
Rademacher, Hellmut: Deutsche Plakatkunst und ihre Meister. Leipzig 1965.
Raggam, Miriam: Walter Hasenclever. Leben und Werk. Hildesheim 1973.
Rauh, Reinhold: Sprache im Film. Die Kombination von Wort und Bild im Spielfilm. Münster 1987.
Reitz, Edgar; Kluge, Alexander; Reinke, Wilfried: Wort und Film. Sprache im technischen Zeitalter 13, 1965, 1015–1030.
Rennings, Jest van: Die gefilmte Zeitung. Werden, Struktur, Wirkung, Wesen und Aspekte der Filmwochenschau. Diss. (masch.) München 1956.
Riedermann, Kai: Comic, Kontext, Kommunikation. Die Kontextabhängigkeit der visuellen Elemente im Comic Strip exemplarisch untersucht an der Gag-Strip-Serie Peanuts. Frankfurt–Bern 1988.
Ries, Hans, Illustration und Illustratoren des Kinder- und Jugendbuchs im deutschsprachigen Raum 1871–1914. Das Bildangebot der Wilhelminischen Zeit. Geschichte und Ästhetik der Original- und Drucktechniken. Internationales Lexikon der Illustratoren. Bibliographie ihrer Arbeiten in deutschsprachigen Büchern und Zeitschriften, auf Bilderbogen und Wandtafeln. Osnabrück 1992.
Riha, Karl: Bilderbogen, Bildergeschichte, Bildroman. In: Erzählforschung 3. Theorien, Modelle und Methoden der Narrativik, hg. v. Wolfgang Haubrichs. Göttingen 1978, 176–192.
—: Massenliteratur im Dritten Reich. In: Die deutsche Literatur im Dritten Reich. Themen – Traditionen – Wirkungen, hg. v. Horst Denkler u. Karl Prümm. Stuttgart 1976, 281–304.
—: ZOK ROARR WUMM. Zur Geschichte der Comics-Literatur. Steinbach 1970.
Rohmer, Ernst: Zur ‚Gefährdung' der Literatur durch die Neuen Medien. In: Texte – Bilder – Kontexte. Interdisziplinäre Beiträge zur Literatur, Kunst und Ästhetik der Neuzeit, hg. v. Ernst Rohmer, Werner Schnabel u. Gunther Wittig. Heidelberg 2000, 363–384.
Rothe, Wolfgang: Asterix und das Spiel mit der Sprache. Neuere Sprachen 3, 1974, 241–261.

Rutschky, Michael: Foto mit Unterschrift. Über ein unsichtbares Genre. In: Vom Doppelleben der Bilder. Bildmedien und ihre Texte, hg. v. Barbara Naumann. München 1993.
Sailer, Anton: Das Plakat. Geschichte, Stil und gezielter Einsatz eines unentbehrlichen Werbemittels. München 1965.
Sandbothe, Mike: Zur Semiotik der Hypertextualität. Bild, Sprache und Schrift im World Wide Web. In: Aktuelle Entstehung der Öffentlichkeit. Akteure – Strukturen – Veränderungen, hg. v. Günter Bentele und Michael Haller. Konstanz 1997, 587–594.
Schäfer, Jörgen: Pop-Literatur. Rolf Dieter Brinkmann und das Verhältnis zur Populärkultur in der Literatur der sechziger Jahre. Stuttgart 1998.
Schelske, Andreas: Die kulturelle Bedeutung von Bildern. Soziologische und semiotische Überlegungen zur visuellen Kommunikation. Wiesbaden 1997.
Schierl, Thomas: Text und Bild bei Plakat und Anzeige. Bonn 1987.
Schindler, Herbert: Monographie des Plakats. Entwicklung, Stil – Design. München 1972.
Schirner, Michael: Werbung ist Kunst. München 1988.
Schloßbauer, Stephanie: Handbuch der Außenwerbung. Frankfurt a. M. 1997.
Schmidt-Bergmann, Hansgeorg: Futurismus. Geschichte, Ästhetik, Dokumente. Reinbek bei Hamburg 1993.
Schmitt, Walter: Das Filmwesen und seine Wechselbeziehungen zur Gesellschaft. Versuch einer Soziologie des Filmwesens. Freudenstadt 1932.
Schnackertz, Hermann J.: Form und Funktion medialen Erzählens: Narrativität in Bildsequenz und Comicstrip. München 1980.
Schnauber, Cornelius: Deine Träume – Mein Gedicht. Eugen Gomringer und die konkrete Poesie. Nördlingen 1989.
Schneider, Irmela: Der verwandelte Text. Wege zu einer Theorie der Literaturverfilmung. Tübingen 1981.
Schnell, Ralf: Medienästhetik. Zur Geschichte und Theorie audiovisueller Wahrnehmungsformen. Stuttgart-Weimar 2000.
Scholz, Oliver R.: Bild, Darstellung, Zeichen. Philosophische Theorien bildhafter Darstellung. Freiburg i.Br. 1991.
Schnurrer, Achim; Becker, Hartmut (Hg.): Die Kinder des fliegenden Robert. Zur Archäologie der deutschen Bildergeschichtentradition. Hannover 1979.
—; Rinaldi, Riccardo: Die Welt der Bilderfrauen. Von Barbarella bis Wonder-Woman. Heroldsbach 1986.
Scholz-Hänsel, Michael (Bearb.): Das exotische Plakat. Stuttgart 1987.
Schröder, Horst: Bildwelten und Weltbilder. Science-Fiction-Comics in den USA, in Deutschland, England und Frankreich. Reinbek b. Hamburg 1982.
—: Die ersten Comics. Zeitungs-Comics in den USA von der Jahrhundertwende bis zu den dreißiger Jahren. Reinbek b. Hamburg 1982.
Schumm, Gerhard: Der Film verliert sein Handwerk. Montagetechnik und Filmsprache auf dem Weg zur elektronischen Postproduktion. Münster 1989.
Schuster, Martin; Woschek, Bernhard P. (Hg.): Nonverbale Kommunikation durch Bilder. Stuttgart 1989.
Schwarz, Alexander: Der geschriebene Film. Drehbücher des deutschen und russischen Stummfilm. München 1994.
Schweikhardt, Josef: Ästhetik des Fernsehens. Wien 1980.
Schweizer, Reinhard: Ideologie und Propaganda in den Marvel-Superheldencomics. In: Vom Kalten Krieg zur Entspannungspolitik, hg. v. W. Erzgräber u. P. Goetsch. Frankfurt a.M.–Bern 1992.

Schwitzke, Heinz: Das Wort und die Bilder. In: Vier Fernsehspiele, hg. v. Heinz Schwitzke. Stuttgart 1960, 7–25.

—: Das Verhältnis von Wort und Bild im Fernsehen, vor allem im Fernsehspiel. Sprache im technischen Zeitalter 11, 1964, 871–884.

Seyfarth, Horst: Bild und Sprache in der Fernsehwerbung. Eine empirische Untersuchung der Bereiche Auto und Kaffee. Münster 1995.

Siegrist, Hansmartin: Textsemantik des Spielfilms. Zum Ausdruckspotential der kinematographischen Formen und Techniken. Tübingen 1986.

Siemek, Hermann: Der Film als kultursoziologisches Phänomen. Seine Physiognomie und seine Wirkung in der Gesellschaft. Diss. Heidelberg 1953.

Sommer, Michael: Die Kinderpresse in der Bundesrepublik Deutschland. Angebot, Konzepte, Formen, Inhalte. Hamburg 1994.

Spillner, Bernd: Kontrastive Analysen auf der Grundlage von ‚Comicstrips'. In: Papers from the international Symposium on applied contrastive Linguistics Stuttgart, October 11.–13., 1979, hg. v. Gerhard Nickel. Bielefeld 1972, 27–41.

Spörri, Hansruedi: Werbung und Topik. Textanalyse und Diskurskritik. Bern–Frankfurt a. M. 1993.

Spottiswood, Raymond: A Grammar of Film. Berkeley 1950.

Springer, Axel: Von Berlin aus gesehen. Zeugnisse eines engagierten Deutschen. Stuttgart 1972.

Steinbrenner, Jakob; Winko, Ulrich: Bilder in der Philosophie & in anderen Künsten & Wissenschaften. Paderborn 1997.

Stiewe, Willy: Die Pressephotographie als publizistisches Mittel. Diss. Leipzig 1936.

Stoll, André: „Asterix" – das Trivialepos Frankreichs. Die Bild- und Sprachartistik eines Bestseller-Comics. Köln 1974.

Straßner, Erich: Zur aktuellen Entwicklung in der Wahlkampfkommunikation – SPD und CDU im Bundestagswahlkampf 1998, In: Raum, Zeit, Medium – Sprache und ihre Determinanten. Festschrift für Hans Ramge zum 60. Geburtstag, hg. v. Herd Richter, Jörg Riecke und Britt-Marie Schuster. Darmstadt 2000, 613–633.

—: Sprache in Massenmedien. In: Lexikon der germanistischen Linguistik, hg. v. Hans P. Althaus, Helmut Henne, Herbert E. Wiegand. Tübingen ²1980, 328–337.

Strobel, Ricarda: Text und Bild im Comic. In: Bild und Text im Dialog, hg. v. Klaus Dirscherl. Passau 1993, 377–395.

—: Die „Peanuts"-Verbreitung und ästhetische Formen. Ein Comic-Bestseller im Medienverbund. Heidelberg 1987.

Tarozzi Goldsmith, M.: Nonrepresentational Forms of the Comic, Humor, Irony and Jokes. Frankfurt a. M.–Bern 1991.

Thiedeke, Udo (Hg.): Bildung im Cyberspace. Vom Grafik-Design zum künstlerischen Arbeiten in Netzen. Entwicklung und Erprobung eines Weiterbildungskonzepts. Projektband 1+2. Wiesbaden 2000.

Thiele, Jens (Hg.): Das Bilderbuch. Ästhetik – Theorie – Analyse – Didaktik – Rezeption. Oldenburg 2000.

— (Hg.): Neue Erzählformen im Bilderbuch. Untersuchungen zu einer veränderten Bild-Text-Sprache. Oldenburg 1991.

Tischer, Peter: Der gezeichnete Held. Die Serienfigur im modernen französischen Humor-Comic. Tübingen 1994.

Toscani, Oliviero: Die Werbung ist ein lächelndes Aas. Mannheim 1996.

Uderzo, Albert: Der weite Weg zu Asterix. Stuttgart 1986.

Unger, Eva-Maria: Illustrierte als Mittel der Kriegsvorbereitung in Deutschland. Köln 1984.
Urban, Dieter: Kauf mich! Visuelle Rhetorik in der Werbung. Stuttgart 1995.
—: Text im Kommunikationsdesign. Zur Gestaltung von Texten für die visuell-verbale, audioverbale und audiovisuell-verbale Kommunikation. München 1980.
Vogel, Amos: Film als subversive Kunst. St. Andrä–Wördern 1997.
Vollert, Lars: Rezeptions- und Funktionsebenen der Konkreten Poesie. Eine Untersuchung aus semiotischer, typographischer und linguistischer Perspektive. Diss. Würzburg 1999.
Wedewer, Rolf: Zur Sprachlichkeit von Bildern. Ein Beitrag zur Analogie von Sprache und Kunst. Köln 1985.
Weidenmann, Bernd (Hg.): Wissenserwerb mit Bildern. Instruktionale Bilder in Printmedien, Film/Video und Computerprogrammen. Bern 1994.
—: Psychische Prozesse beim Verstehen von Bildern. Bern–Stuttgart 1988.
Weill, Alan: Plakatkunst International. Berlin 1985.
Weiß, Christina M.: SEH-TEXTE. Zur Erweiterung des Textbegriffs in konkreten und nachkonkreten visuellen Texten. Diss. Saarbrücken 1982.
Weisstein, Ulrich (Hg.): Literatur und bildende Kunst. Ein Handbuch zur Theorie und Praxis eines komparatistischen Grenzgebietes. Berlin 1992.
Welke, Manfred: Die Sprache der Comics. Frankfurt 1958, [4]1974.
Wellershoff, Dieter: Glücksucher. Vier Drehbücher und begleitende Texte. Köln 1979.
Welsch, Wolfgang: Grenzgänge der Ästhetik. Stuttgart 1996.
—: Ästhetisches Denken. Stuttgart 1993.
Wenzel, Friedrich; Bahn, Thomas; Regier, Luise; Winschel, Lydia: Visualisierung russischer fachsprachlicher Grammatik in einem interaktiven multimedialen System. In: Linguistik und neue Medien, hg. v. Gerhard Heyer und Christian Wolff. Wiesbaden 1998, 51–69.
Wermke, Jutta: Comics, In: Medienpsychologie. Ein Handbuch zu Schlüsselbegriffen, hg. v. H.J. Kagelmann u. G. Wenninger. München–Wien 1982, 9–17.
Wescher, Herta: Die Geschichte der Collage. Vom Kubismus bis zur Gegenwart. Köln 1974.
Wienhöfer, Friederike: Untersuchungen zur semiotischen Ästhetik der Comic Strip. Diss. Dortmund 1979.
Wiese, Johannes, G.: Visual Education – Visual Literacy: Theorien und Praxisansätze für visuelle Kommunikation in USA und Großbritannien. In: Taschenbuch der Kommunikationspraxis, hg. v. Otmar Allendorf u. Johannes G. Wiese. Köln 1978, 65–70.
Wiesing, Lambert: Die Sichtbarkeit des Bildes. Geschichte und Perspektiven der formalen Ästhetik. Reinbek bei Hamburg 1997.
Wildenhahn, Klaus: Über synthetischen und dokumentarischen Film. Zwölf Lesestunden. Frankfurt a.M. 1975.
Wilke, Jürgen (Hg.): Nachrichtenproduktion im Mediensystem. Von den Sport- und Bilderdiensten bis zum Internet. Köln–Weimar 1998.
Willberg, Hans P.: Buchkunst im Wandel. Die Entwicklung der Buchgestaltung in der Bundesrepublik Deutschland. Frankfurt a.M. 1984.
Willems, Gottfried: Anschaulichkeit. Zur Theorie und Geschichte der Wort-Bild-Beziehungen und des literarischen Darstellungsstils. Tübingen 1989.
Winter, Rainer; Eckert, Roland: Mediengeschichte und kulturelle Differenzierung. Zur Entstehung und Funktion von Wahlnachbarschaften. Opladen 1990.
Wippermann, Peter (Hg.): DER SPIEGEL. Anzeigentrends. Was bleibt, was geht, was kommt. Mainz 1997.

Wolf, Dieter: Zur Dramaturgie der Sprachgestaltung im Spielfilm. Filmwissenschaftliche Beiträge 15, 1974, 5–60.
Wünderich, Hermann: Das Plakat als Werbemittel und Kunstprodukt. Düsseldorf 1979.
Zielinski, Siegfried: Audiovisionen. Kino und Fernsehen als Zwischenspiele in der Geschichte. Reinbek bei Hamburg 1989.
— (Hg.): Comicforschung in der Bundesrepublik Deutschland 1945–1984. Bern–Frankfurt a. M. 1989.
Zimmer, Hubert D.: Sprache und Bildwahrnehmung. Die Repräsentation sprachlicher und visueller Information und deren Interaktion in der Wahrnehmung. Frankfurt a. M. 1983.

www.ingramcontent.com/pod-product-compliance
Lightning Source LLC
Chambersburg PA
CBHW060816100426
42813CB00004B/1095